绿色发展通识丛书
GENERAL BOOKS OF GREEN DEVELOPMENT

化石文明的黄昏

Le crépuscule fossile

［法］热纳维埃芙·菲罗纳-克洛泽／著
叶蔚林／译

中国文联出版社
http://www.clapnet.cn

图书在版编目（CIP）数据

化石文明的黄昏 /（法）热纳维埃芙·菲罗纳-克洛泽著；叶蔚林译. -- 北京：中国文联出版社，2020.11
（绿色发展通识丛书）
ISBN 978-7-5190-4417-6

Ⅰ.①化… Ⅱ.①热… ②叶… Ⅲ.①能源经济－研究－世界 Ⅳ.①F416.2

中国版本图书馆CIP数据核字(2020)第246177号

著作权合同登记号：图字01-2020-6491

Originally published in France as:
Le Crépuscule fossile by Geneviève Férone-Creuzet
© Editions Stock,2015
Current Chinese language translation rights arranged through Divas International,Paris ／ 巴黎迪法国际版权代理

化石文明的黄昏
HUASHI WENMING DE HUANGHUN

作　　者：[法]热纳维埃芙·菲罗纳-克洛泽
译　　者：叶蔚林

责任编辑：袁　靖　蒋爱民	终 审 人：朱　庆
责任译校：黄黎娜	复 审 人：闫　翔
封面设计：谭　锴	责任校对：刘成聪
	责任印制：陈　晨

出版发行：中国文联出版社
地　　址：北京市朝阳区农展馆南里10号，100125
电　　话：010-85923076（咨询）85923092（编务）85923020（邮购）
传　　真：010-85923000（总编室），010-85923020（发行部）
网　　址：http://www.clapnet.cn　　http://www.claplus.cn
E-mail：clap@clapnet.cn　　yuanj@clapnet.cn

印　　刷：中煤（北京）印务有限公司
装　　订：中煤（北京）印务有限公司
本书如有破损、缺页、装订错误，请与本社联系调换

开　　本：720×1010　　1/16	
字　　数：113千字	印　　张：12.75
版　　次：2020年11月第1版	印　　次：2020年11月第1次印刷
书　　号：ISBN 978-7-5190-4417-6	
定　　价：46.00元	

版权所有　翻印必究

"绿色发展通识丛书"总序一

洛朗·法比尤斯

1862年,维克多·雨果写道:"如果自然是天意,那么社会则是人为。"这不仅仅是一句简单的箴言,更是一声有力的号召,警醒所有政治家和公民,面对地球家园和子孙后代,他们能享有的权利,以及必须履行的义务。自然提供物质财富,社会则提供社会、道德和经济财富。前者应由后者来捍卫。

我有幸担任巴黎气候大会(COP21)的主席。大会于2015年12月落幕,并达成了一项协定,而中国的批准使这项协议变得更加有力。我们应为此祝贺,并心怀希望,因为地球的未来很大程度上受到中国的影响。对环境的关心跨越了各个学科,关乎生活的各个领域,并超越了差异。这是一种价值观,更是一种意识,需要将之唤醒、进行培养并加以维系。

四十年来(或者说第一次石油危机以来),法国出现、形成并发展了自己的环境思想。今天,公民的生态意识越来越强。众多环境组织和优秀作品推动了改变的进程,并促使创新的公共政策得到落实。法国愿成为环保之路的先行者。

2016年"中法环境月"之际,法国驻华大使馆采取了一系列措施,推动环境类书籍的出版。使馆为年轻译者组织环境主题翻译培训之后,又制作了一本书目手册,收录了法国思想界最具代表性的 33 本书籍，以供译成中文。

中国立即做出了响应。得益于中国文联出版社的积极参与，"绿色发展通识丛书"将在中国出版。丛书汇集了 33 本非虚构类作品，代表了法国对生态和环境的分析和思考。

让我们翻译、阅读并倾听这些记者、科学家、学者、政治家、哲学家和相关专家：因为他们有话要说。正因如此，我要感谢中国文联出版社，使他们的声音得以在中国传播。

中法两国受到同样信念的鼓舞，将为我们的未来尽一切努力。我衷心呼吁，继续深化这一合作，保卫我们共同的家园。

如果你心怀他人，那么这一信念将不可撼动。地球是一份馈赠和宝藏，她从不理应属于我们，她需要我们去珍惜、去与远友近邻分享、去向子孙后代传承。

2017 年 7 月 5 日

（作者为法国著名政治家，现任法国宪法委员会主席、原巴黎气候变化大会主席，曾任法国政府总理、法国国民议会议长、法国社会党第一书记、法国经济财政和工业部部长、法国外交部部长）

"绿色发展通识丛书"总序二

万钢

习近平总书记在中共十九大上明确提出，建设生态文明是中华民族永续发展的千年大计。必须树立和践行绿水青山就是金山银山的理念坚持节约资源和保护环境的基本国策，像对待生命一样对待生态环境。我们要建设的现代化是人与自然和谐共生的现代化，既要创造更多物质财富和精神财富以满足人民日益增长的美好生活需要，也要提供更多优质生态产品以满足人民日益增长的优美生态环境需要。近年来，我国生态文明建设成效显著，绿色发展理念在神州大地不断深入人心，建设美丽中国已经成为13亿中国人的热切期盼和共同行动。

创新是引领发展的第一动力，科技创新为生态文明和美丽中国建设提供了重要支撑。多年来，经过科技界和广大科技工作者的不懈努力，我国资源环境领域的科技创新取得了长足进步，以科技手段为解决国家发展面临的瓶颈制约和人民群众关切的实际问题作出了重要贡献。太阳能光伏、风电、新能源汽车等产业的技术和规模位居世界前列，大气、水、土壤污染的治理能力和水平也有了明显提高。生态环保领域科学普及的深度和广度不断拓展，有力推动了全社会加快形成绿色、可持续的生产方式和消费模式。

推动绿色发展是构建人类命运共同体的重要内容。近年来，中国积极引导应对气候变化国际合作，得到了国际社会的广泛认同，成为全球生态文明建设的重要参与者、贡献者和引领者。这套"绿色发展通识丛书"的出版，得益于中法两国相关部门的大力支持和推动。第一辑出版的33种图书，包括法国科学家、政治家、哲学家关于生态环境的思考。后续还将陆续出版由中国的专家学者编写的生态环保、可持续发展等方面图书。特别要出版一批面向中国青少年的绘本类生态环保图书，把绿色发展的理念深深植根于广大青少年的教育之中，让"人与自然和谐共生"成为中华民族思想文化传承的重要内容。

科学技术的发展深刻地改变了人类对自然的认识，即使在科技创新迅猛发展的今天，我们仍然要思考和回答历史上先贤们曾经提出的人与自然关系问题。正在孕育兴起的新一轮科技革命和产业变革将为认识人类自身和探求自然奥秘提供新的手段和工具，如何更好地让人与自然和谐共生，我们将依靠科学技术的力量去寻找更多新的答案。

2017年10月25日

（作者为十二届全国政协副主席，致公党中央主席，科学技术部部长，中国科学技术协会主席）

"绿色发展通识丛书"总序三

铁凝

这套由中国文联出版社策划的"绿色发展通识丛书",从法国数十家出版机构引进版权并翻译成中文出版,内容包括记者、科学家、学者、政治家、哲学家和各领域的专家关于生态环境的独到思考。丛书内涵丰富亦有规模,是文联出版人践行社会责任,倡导绿色发展,推介国际环境治理先进经验,提升国人环保意识的一次有益实践。首批出版的33种图书得到了法国驻华大使馆、中国文学艺术基金会和社会各界的支持。诸位译者在共同理念的感召下辛勤工作,使中译本得以顺利面世。

中华民族"天人合一"的传统理念、人与自然和谐相处的当代追求,是我们尊重自然、顺应自然、保护自然的思想基础。在今天,"绿色发展"已经成为中国国家战略的"五大发展理念"之一。中国国家主席习近平关于"绿水青山就是金山银山"等一系列论述,关于人与自然构成"生命共同体"的思想,深刻阐释了建设生态文明是关系人民福祉、关系民族未来、造福子孙后代的大计。"绿色发展通识丛书"既表达了作者们对生态环境的分析和思考,也呼应了"绿水青山就是金山银山"的绿色发展理念。我相信,这一系列图书的出版对呼唤全民生态文明意识,推动绿色发展方式和生活方式具有十分积极的意义。

20世纪美国自然文学作家亨利·贝斯顿曾说:"支撑人类生活的那些诸如尊严、美丽及诗意的古老价值就是出自大自然的灵感。它们产生于自然世界的神秘与美丽。"长期以来,为了让天更蓝、山更绿、水更清、环境更优美,为了自然和人类这互为依存的生命共同体更加健康、更加富有尊严,中国一大批文艺家发挥社会公众人物的影响力、感召力,积极投身生态文明公益事业,以自身行动引领公众善待大自然和珍爱环境的生活方式。藉此"绿色发展通识丛书"出版之际,期待我们的作家、艺术家进一步积极投身多种形式的生态文明公益活动,自觉推动全社会形成绿色发展方式和生活方式,推动"绿色发展"理念成为"地球村"的共同实践,为保护我们共同的家园做出贡献。

中华文化源远流长,世界文明同理连枝,文明因交流而多彩,文明因互鉴而丰富。在"绿色发展通识丛书"出版之际,更希望文联出版人进一步参与中法文化交流和国际文化交流与传播,扩展出版人的视野,围绕破解包括气候变化在内的人类共同难题,把中华文化中具有当代价值和世界意义的思想资源发掘出来,传播出去,为构建人类文明共同体、推进人类文明的发展进步做出应有的贡献。

珍重地球家园,机智而有效地扼制环境危机的脚步,是人类社会的共同事业。如果地球家园真正的美来自一种持续感,一种深层的生态感,一个自然有序的世界,一种整体共生的优雅,就让我们以此共勉。

2017年8月24日

(作者为中国文学艺术界联合会主席、中国作家协会主席)

目录

序言

第 1 章 黑金热（001）

第 2 章 面临气候变化的化石文明（040）

第 3 章 人类，一股地质力量（96）

第 4 章 责任的时代（116）

第 5 章 朝向后化石文明（161）

结论（177）

致谢（180）

序言

选择的时刻

石油的末日已经多次被宣告,而期限又多次被推迟;借助于技术进步,钻井可以更远更深,石油短缺尚未威胁到我们。然而,不管人类再怎么固执地想要从土地里榨取最后一滴化石汁水,黑金的黄昏也是可以预见的,气候炸弹倒计时已经开始。如果我们决定在21世纪把地下以石油、天然气和煤炭形式储藏的碳全部取出,这个气候炸弹将会爆炸,一举将我们清除。对于化石能源至上的文明来说,选择的时刻来临了。紧要之事就是要结束几十年来的无条理、无责任,它们导致我们所有人陷入重度依赖的致命陷阱:我们需要的能源中有五分之四仍然是由化石燃料提供的。

然而,这场战役显然极其困难。如果以为化石时代的那些战胜并吞并所有对手的财政部长和工业家,在这个转型的节骨眼上,占据着政治权力优势作为支援力量,却不发起一场激烈的战役来维持他们的地位,那可就大错特错了。虽然既得利益者的守卫战不会永远持续下去,但是,不幸的是,从气候威胁的角度来看，它持续的时间还是太长，对抗气候威胁的必要条件是让他们彻底且无条件地解除武装，也就是说立刻过渡到去碳化或无碳化的能源上去。人们应该在哪些事项上达成一致，采取哪些具体措施？我们共同的未来取决于上述博弈的结果。那么，我们如何实现这个目标呢？

石油，这种奇迹般的能源，它从根本上极好又极差地改变了人类和地球上所有生物种群的生活。那些大掌权者是否能够制衡这种能源授予的强势力量？很难这样认为，因为人类目前选择了一条自我毁灭的无序发展道路：不连续、不平等、跨越警戒线、决裂。

我们的传感器和探测器到处在发出警报数据。多米诺骨牌效应史无前例，而地质学家们守护着时间标度，在土地和海洋最深处观察到我们一路走来和污染的痕迹。化石文明在不到百年的时间里孕育出一个地质学新纪元——人类世，也在彻底的不确定性中开启了它的衰落；在发达社会中大有作为的美好的理性机制，似乎不再能够掌控变动的规律和登台施压的相反力量。

以 21 世纪末为界，气候演变方面的专家们无法将气候变化的范围定位在 2℃~6℃ 的标度上。这样的不确定性，一部分是由于即将实施的温室气体减排政策还是个未知数。且这些政策本身也依赖我们对气候威胁的重视程度，而重视程度的不确定性影响了气候预测的准确性。我们自困笼中,还扔掉了钥匙。

一些振奋人心的趋势正在崛起:几十年漫长的延迟偿付期之后,负责任的时候来临了。我们展开这场能源过渡的最优选项有哪些?如何将它们实施起来而不落入意识形态和奇迹思维的陷阱?停止资助化石能源,为碳设立价格,逐步对之征税,大量投资于可再生能源……所有这些路径都为人所知,但是没有一个被认真地采用,不管是在多边协商中,还是在国内层面,在一个被无限增长的迷信支配的世界里,无限增长本身就被视为目的,换一种方式思考和统治是那么难。谁能终结这场抢夺最终资源的疯狂赛跑,并加速朝着清洁、无害的能源过渡?我们无法确定会是"谁";政治力量从来没有显得如此脆弱,坐拥最后的化石王国的独裁者们不过是悲哀的纸老虎。天选之子——或天选之女——的神话持续了太久。

石油、煤炭、燃气公司及它们全部的工业和金融生态系统要怎么办?或许以易开采和追逐无节制生产为特点的化石黄金时代,已经不复存在了。在那段如有神助的时期,只要在地上挖一个洞就足以令石油喷射,帝国崛起。尚待征服的非传统石油资源首先需要资本和科技。

看起来有两点可以确定:我们无法对抗这些公司,更无法通过道德和非利益相关的理由去制约它们。这些业界巨头们会抛开立场,冷漠地做出选择:从正在迫近的气候和法规壁垒的角度看,保住化石资产会造成太大的金融及司法风险,在别处重新建立起一个新的赢利点成为更好的选择。

幸运的是,我们可能来到了一个历史上非常特别的拐点。

与持有化石证券相关的金融风险变得很明确,使得投入的那些资本的回报率变得无法确定。如此,很可能从今往后如果人们还要不惜代价保住化石能源优势,更容易造成损失而非产生盈利。气候负债首次影响到金融市场的运转。在资本为王的国家,股东们产生了疑虑,一道裂缝打开了。从远景上看,气候正义的概念在新的质询形式中诞生了;公民们将政府传讯到法庭之上,未来的退休者和储蓄者肯定也会对所有未尽信用职责、故意低估或忽略气候风险的第三方信托、银行业者、保险公司、基金经理、行政者进行问责。时代悄然在变,气候正义一线战场以外的权力关系也在转型。自从气候变化得到证实、教皇发声后,这场科学与政治的论战又增添了道德的元素。

生存受到威胁的那一刻,人们开始反省自身,关注全人类共享的福祉。从年轻一代和广大民众——虚拟社交网络的人群之中升起非常强烈的向上憧憬。在化石黄昏的阴影下,我们的想象维系着火焰,将我们投射到一个崭新的篇章。能源搭配数字化工具，兼容于开放、民主和公正的社会原则，一切都有待创造：价值、消费形式、统治模型。但是如果在这个新模式之下不透明性和支配仍然是决定性因素，科学家骄傲地占据支配地位，仅仅依赖技术让增长重启，而毫不过问它的最终目的，那么我们的能源气候方程式将无解。

坏消息是，对于希望社会意识猛醒的那些人来说，资本主义模型不会消失在地牢之中，它或许会在这个新的篇章里重新自我创造；在最好的情况下，我们会体验到一场名为"利他资本主义"的逆喻。讽刺的是，各种示威和社交网络中体现出的公民动员和抵抗精神在这场能源过渡中扮演的角色的重要性输给了工业和金融巨头的利己主义和风险厌恶。

我们将会进入一个熊熊燃烧的漫长黄昏，它的出路始终是个未知数。未来的历史学家会细细审视所有与我们今天的问题相关的资料，得出定论。那么我们不妨也提早抽离出来，采取史学眼光，虚心正视当今的问题。

"先是一片浩瀚的水面,从水面上露出几块岬角,苔藓斑驳;没有一个生灵,没有一声呐喊。这世界沉默、静止而赤裸。然后长长的植物在烘箱蒸气一样的雾气里摇摆。红红的太阳使潮湿的大气变得火热。同时火山爆发,火山岩从群山中喷射而出;斑岩和玄武岩流淌的岩浆凝结。第三幕图景:在不怎么深的海水中,冒出了一些石珊瑚岛;还有像板车轮子一样的贝壳、三米的海龟、六十英尺(一英尺 = 0.3048 米)的蜥蜴。最后,在大陆上,大型哺乳动物出现,像被劈歪了的木块一样畸形的肢体,比铜板还厚的表皮,或者毛茸茸、厚嘴唇,有着浓密的毛发和变形的獠牙。

"所有这些时期都由一场场大灾难分隔开来,最后的灾难就是我们的大洪水。就像一部多幕幻梦剧,人类是闭幕的高潮。"

——古斯塔夫·福楼拜,《布瓦尔和佩居谢》

第 1 章　黑金热

"火使我们成为支配物种，并且一劳永逸！有了火和专用火石，前进掌控世界吧，我们的部落去当先头部队！"

——罗伊·刘易斯，《为什么我吃了我的父亲》

在不到百年的时间里，一个新的文明从宾夕法尼亚州和里海的第一批油井里喷射而出。石油，从有机原汤中来，既不好也不坏；人类以及建立在技术和金钱基础上的人类社会把石油制造出来，让石油变成现在的样子。所有伟大的发明和所有的战争里都有它，所有与它有关的故事都充满了矛盾。它是解放者，帮助人类驯化了自然界的各种伟大力量，但也令人们沦为能源依赖的囚徒，为争夺它而大打出手。石油是一种战略资源，其所有权构成了力量的象征。它助人称王，孕育权势，在20世纪所有地缘政治博弈中处于中心位置；它也是一份商业资产，它的交易符合以经济和金融为主的逻辑，我们的地下开采工业就是依托于这些逻辑，永远在寻求新领土。

当发生第一次石油危机的时候，我们本可以脱离这样的依赖状态，启动能源过渡的急转弯；但是我们已经错过了这场历史之约，黑金的生产又重新以全盛姿态出发。我们不仅没有转向新的可再生、无害、去碳化的能源，反而开始了更深更远的挖掘。传统石油的衰落由非传统石油①补足，满足永远想要把极限推到更远的愿望。

非传统石油的生产推迟了传统石油的世界生产衰弱期，却并不能阻止它的进程。大背景是，当最后的开采之火被推到极致，曾经支配世界的几大历史势力之间的关系开始颠倒；在气候变化发生历史性改变的初期，化石统治将会被重新洗牌。

---

① 石油，不管是传统石油还是非传统石油，都是从富含有机物的岩石（母岩）转化而来。"非传统"的区别并不是石油的形成工序，而是储藏石油的岩石的构造，由此也影响到了提取石油所采用的技术。天然气也同理。对于传统石油来说，母石里形成的烃迁移到多孔、可渗透的岩石里（被称为油储）。它们在那里累积，形成矿床，于是开采只需要钻井。而对于非传统石油，烃分散地留在不怎么多孔也不怎么可渗透的沉积岩层中。它们可以被捕集在母岩中（沥青页岩和页岩油）。在其他的情况下（沥青砂和重石油），石油非常黏稠甚至近乎固态的物理特征不支持传统的开采方式。石油的非传统开采技术更加复杂，特别是大型水力压裂技术。来源：www.connaissancedesenergies.org。

化石能源的奇迹和石油的统治

从很早以前，掘地三尺寻找宝藏对于人类来说就像呼吸一样，是天性和本能。史前人类从地下搜寻用于制造工具和武器的材料。自新石器时代起，我们非常久远的祖先们建起坑道，从中开采铜和铁。接着智人在进化的过程中赢得了自己的一席之地，表现出卓越的适应性，首次驯服大自然，创造了耕种和养殖。人们摆脱了狩猎和采摘的不稳定性。

这个时期标志着一场革命的开端，农耕能够生产富余的食物，使人口聚集在村落里。凑近去看，他们的命运或许并不比猎人或采摘者的命运更值得羡慕。考古学家们告诉我们，第一批定居的人类饮食更差，寿命更短[1]。所以进步似乎并不总是意味着生活幸福。然而，既然有可能重建能量和消费的链条，这两个时代之间就不存在明显的差别。能量来源始终是相同且有限的，风、水、木头、动物，而且在几千年之中，资源稀缺是所有社会的共同遭遇，与社会特性无关。

煤炭从古代起，也就是约七千年前，就已经为人所知。很多世纪以来，开采技术逐渐改善。

---

[1] 马歇尔·萨林斯（Marshall Sahlins），《石器时代，富足时代．原始社会经济学》(Âge de pierre, âge d'abondance. Économie des sociétés primitives)，英文原版1972年。法文版，伽利玛出版社，1976年。

工业革命标志了一场彻底而不可逆的决裂，从 19 世纪中叶起开启了大规模开采的时代。由于煤炭在地表以下是平均分布的，没办法通过这样或那样的形式获取煤炭的国家很稀少。从某种意义上来说煤炭是一种"民主"能源，而且尽管煤炭开采非常污染环境，引起争议，但却从未像石油一样引起轩然大波。

在关注石油问题之前，有必要提醒大家，煤炭如今始终是（而且还会持续很久）三分之一的人在使用的能源。它一直是世界上生产和消耗的第二大能源，并且参与到将近 40% 的世界电力的生产中[1]。随着时间推移，煤炭生产国掌握了有效的开采技术，能以最优的方式利用地下的地质资源。2013 年主要煤炭生产国以产量递减顺序排列为中国、美国、印度、印度尼西亚、澳大利亚、俄罗斯和南非[2]。在欧洲，2013 年煤炭仍然占电力生产能源的近四分之一，远不是过气能源。从 2010 年起，欧洲不再建设煤炭发电站，但是凭借十分诱人的价格，老设施重新被启用，尤其在德国、英国和波兰。

---

[1]《世界关键能源统计》，国际能源署，2014 年。

[2] 中国，3561 兆吨，占世界煤炭产量 45.5%；美国，904 兆吨；印度，613 兆吨；印度尼西亚，489 兆吨；澳大利亚，459 兆吨；俄罗斯，347 兆吨；南非，256 兆吨。来源：《世界关键能源统计》，国际能源署，2014 年。

煤炭燃烧及其环境影响是各种能源和生态激烈论战的核心。"清洁"技术发展到位，使得收集和隔离燃烧过程中产生的温室气体成为可能；这些技术仍然具有不确定性，并且非常昂贵，发展中国家本该是使用大户，却普遍难以上手。

石油，一种奇迹般的能源

提前说明，石油只是一种化石液体，一种有机原汤，为我们的发展带来了史无前例的加速推动，但是它本身并不应该被评断善恶；将这种能源绝对性地妖魔化或狂热崇拜都是完全荒诞的态度。啊，石油！我们可以用石油做一切，绝对的一切。这是一种奇迹般的能源，有着无可匹敌的可塑性。人类也准备好付出一切控制这丰富资源。20世纪应该是属于石油的伟大世纪。我们正在并且还要继续在很长的一段时间里依靠这种化石经济的炽热遗迹生存。化石经济造就了我们的生活方式、我们与世界的关系、我们的文化和我们的信仰。石油成了人类想让它变成的样子：人类文明的基石，促进交流并保证舒适生活的源泉，人类的烈性毒品，就如可怕的涅墨西斯女神（代表无情的正义）。除非和荒岛上的鲁滨孙一样彻底与世隔绝，我们都为精炼出的滚滚油气而感到迷醉，在迷醉的状态下自行走向地狱列车。21世纪伊始，凭借着黑金，我们成了杰出的捕食者和征服者。我们爬到食物链的顶端，从高处俯视的风景既充满诱惑又使人眩晕。

石油作为一种古老而神奇的液体很早就为人所知，只是从前它的用途有限。从 19 世纪末起，它开始在里海和宾夕法尼亚州一带汹涌流动。

在那个时代，没有人可以预料，首批钻探工程将把世界引向深刻的变革，打开史无前例的发展之路，其冲击波将不可逆转地改变这个星球。没有人，或许除了美国人约翰·洛克菲勒（John Rockefeller，标准石油创始人）以及里海旁边的罗伯特·诺贝尔（Robert Nobel，炸药的发明者阿尔弗雷德·诺贝尔的哥哥），这两个男人建成了世界上第一批化石帝国。石油的历史与洛克菲勒之名变得密不可分。

一切都以最好的状况发展：石油神奇地润滑了蒸汽机的齿轮，这样在英国和美国全境，蒸汽机就能借助大批量开采的煤炭发挥它的全部潜力。相应地，供应充足的这种能源加速了技术进步，能够满足更多新需求，导致更多煤炭和石油矿床被开采出来，以保证增长，如此往复。人们对一桶桶石油的胃口是巨大的。一桶即 159 升石油。从 19 世纪 60 年代起，石油被装在桶里储存和运输，这些桶原本是用来装威士忌、盐、鲸脂、鲱鱼的。当这种运输方式被输油管道、油轮或罐车取代，桶就成了过去的遗迹，作为石油的测量单位保留下来。

石油杰出的"可塑性"远在塑料发明之前就得到了证实。它能照明、制暖、浇筑公路、润滑机械、对纺织品进行防水处理、制作发蜡、为肌肤补水并涂红嘴唇、以胶的形式黏合、为鞋上蜡、肥化土壤、生产爆炸物和药品、推动汽车行驶……而这才刚刚开始。

石油是一种液态能源，这一特征让它易于生产，易于在地球上从这端运往那端，易于使用。还是一种浓缩能源。相比之下，天然气的运输和分销成本更高，煤炭作为固体则难以任人操纵，电能生产成本高且几乎无法储存。石油生产的简易性造就了各种在体量和价值上都更为重大的商业交易。

有必要提及石油附带的一个好处，虽然它常被忽略，但海洋生物多样性捍卫者对此十分感激。19世纪下半叶石油的大量使用拯救了大量的鲸鱼以及其他海洋哺乳动物，使得它们不用因为人类觊觎其脂肪而被赶尽杀绝。虽然并不是所有捕鲸船的统领者都和"裴廓德"号（Pequod）的船长一样强硬[1]，不过鲸鱼数量也由于全球海洋捕猎增加而严重下滑。随着这场黑金热潮，水手们纷纷离职下船，希望能直接被洛克菲勒先生的标准石油炼油厂雇用。捕鲸船长风光不再。

在1861年《名利场》（Vanity Fair）的一幅插画上，几头感恩的鲸鱼为宾夕法尼亚州新发现的石油矿床举杯。加拉帕戈斯群岛（Galapagos）的海龟们也应该一起宴会庆祝，它们

---

[1] 参见赫尔曼·梅尔维尔（Herman Melville）的《白鲸》（Moby Dick）。

的肉曾被在南太平洋猎鲸的船员们盯上，用于改善日常伙食。

我们在月球上摇摆

第二次世界大战结束时，煤炭是消耗量第一大的能源，不过慢慢地，蒸汽机销声匿迹，柴油机登台。1945年后出生的年轻一代美国人不再能够听到蒸汽火车头一缕缕烟气中夹杂的汽笛声。煤矿仍然是宝贵的最高财力象征，但全世界各处都在接连关停煤矿，因为它们成本过高、污染过重。在大都会里十分常见的煤炭制暖，也让位给了重油和天然气，特别是飞速发展的天然气。全球货运也转向了重油。然而失去优势的煤炭仍在负隅顽抗，并没有完全消失，一直在为工业中心和都市中心的大型热力发电站供能。正如我们之前所见，煤炭甚至在21世纪时发生了出人意料的回归，尽管这种能源看起来属于过去。

20世纪伊始，精炼石油在所有工业齿轮上大有作为。它化作柴油、煤油、用于制热的重油和用于交通的汽油，还有不得不说的石脑油，化工厂以它为原料，加工出了全球泛滥的塑料。石油是整个石油化工的基础资源，这些必不可少的中间产品有大部分是由石油化工生产的：乙烯、丙烯、丁二烯、苯、乙醇、丙酮，等等。我们的药物和肥料就是从这些提纯出来的珍贵分子得到的直接产品。

绿色革命正在进行。我们用作劳力的亲爱的老马都被送到了屠宰场。最多十年便足以吞噬传承千年的传统农耕文化。都是开发土地，开发矿井和油田也一样。此外，"农业开发"的说法逐渐取代了"农场"。农业机械化从20世纪50年代在美国大陆上开始，从20世纪60年代起遍及全球。所到之处，生产率改善，化肥需求量加大，从而增加了石油的需求量。卫生状况毫无疑问在进步，特别是在城市。医药化工的进步使药物更易被大众获得，并且在医院里，塑料生产的手套、注射器等器材改善了防疫。

从20世纪60年代起，人口爆炸如约而至。饥饿和疾病则得到了改善（但代价是什么？已经有一些悲观人士开始发问）。如何看待这套工业体系通过可见且数量庞大的收益给所有人带来的幸福和安逸？50年代"二战"后的婴儿潮时期出生的美国人率先品尝到魔法般神奇的速冻菜肴和冬天的香蕉。

我们与这种能源的关系将永远带上又爱又恨的印记。谁能拒绝这些不容置疑地从整体上改善健康、食品安全、卫生条件和提高生活舒适度的发明和产品？人们在不知不觉中一步步陷入依赖的泥潭。好不容易熬过了恐怖的战争和那些穷日子，无忧无虑寻欢作乐的时候来临了。你们真的愿意回到从前，以蜡烛照明，走在布满马粪的街道上？当然不！另外，也没有人提出这个问题。1970年，化石能源消耗量相比于20世纪50年代翻了三倍。人口暴增培养起新的消费需求，反过来又启动了慷慨的石油泵。

这三种化石能源——煤炭、天然气和石油，都是来自有机物及其沉淀在数亿年间的缓慢分解，却在短短几十年里将整个人类推上了全新的轨道，这里所说的就是字面的意思。想象一下，1971年2月5日，一个美国人在月球上行走。是的，月球上的行走。那一天，艾伦·谢泼德（Alan Shepard）是第五个踏上月球的人，但他一定是第一个在月球上打高尔夫球的人[1]。两次登月失败后，第三次终于成功。美国肯定有着诙谐的征服者情绪。同年，美国又是最大原油生产国，占世界产量的四分之一。

石油危机

谁能想象到在这场富足的庆典之下，地平线上正在积聚起第一簇隐忧之云？20世纪50年代，工程师马里恩·金·哈伯特[2]（Marion King Hubbert）评定，油田开采是按照一个钟形曲线进行的，从零开始，出产率达到最大值（或峰值），然后重新降到零。他因此认为石油出产率也应该是同样的原理，于是他创造出一个数学模型（哈伯特建模），在这个数学模型里他加入了美国48个州的石油数据（阿拉斯加和夏

---

[1] 艾伦·谢泼德和迪克·斯雷顿（Deke Slayton），《他们要月亮》（Ils voulaient la Lune），伊夫兰出版社（Ifrane），1995年。

[2] 曾在壳牌公司（Shell）任职（1903~1989年）的地球物理学家。

威夷除外）。因此，他得到一条产量曲线，这条曲线的顶峰，又称石油峰值，会在消耗掉半数储量的时候达到。到了那一刻，龙头会完全打开。他预测美国的产量衰落期在1970年前后。他的话没有人听，然而，在这一点上，历史证明他是对的。没有人提前关注到美国经济学家肯尼思·博尔丁（Kenneth Boulding）在1966年发出的警告，而它现在却在我们的耳边振聋发聩："任何相信在一个有限的世界里能永恒保持指数性增长的人，不是疯子，就是经济学家[①]。"

然而，在1971年，与宇航员艾伦·谢泼德（Alan Shepard）的月球行走同时发生的是，美国石油产量首次停滞。所有信号灯都逐渐亮起红色，积累起来的报告证实全国产量不可避免地进入衰落期。这是一个非常沉重的时刻。美国人对于石油的胃口不可能刹住。从这一年起，美国变得很依赖沙特阿拉伯的石油，就是沙特阿拉伯抢走了美国的全球第一石油生产国的地位。

平衡杆重又偏向了生产国那一边。便宜的石油时代伴随着1973年和1979年依次爆发的第一次和第二次石油危机结束了。1973年第四次中东战争之后，海湾各国决定，以反对

[①] 肯尼思·博尔丁，《未来地球太空飞船经济学》，见于H. 杰瑞斯（H. Jarreth）编著的《经济增长中的环境质量》，约翰·霍普金斯出版社，1966年，第3—14页。

以色列联盟国的姿态，减少产出。仅沙特阿拉伯就曾提供了21%的全球原油产量，在这样的形势下，他们强制实行出口禁运，特别是对美国的出口。几周的时间里，每桶石油价格猛涨，翻了四倍，从 4 美元涨到 16 美元。西方经济如同被扼住喉咙，增长崩塌。西方世界里到处都是令人目瞪口呆且难以想象的景象。加油站里排起无穷无尽的等候队伍，怒气冲天的机动车车主们争吵不休。车辆被丢弃在公路上，油箱空空荡荡。警报来得十分猛烈，特别是严重依赖中东和伊朗石油的欧洲和日本。

法国成了一个"没有石油，但是有想法"的国家。在 1973 年 11 月，法国总理皮埃尔·梅斯梅尔（Pierre Messmer）在电视上发表安抚式简短演说，主题是石油危机，他表示油储充足，石油危机处在可控的范围内。总理还宣布了一项重大决定："为了节约汽油，我们决定限速。当然，限速就表示各种赛车和拉力赛将会被中止，直到有新命令下达。"

1979 年又迎来致命一击。伊朗是重要的石油生产国，而伊朗国内的政局动荡引起了油价的再一次翻倍，从 20 美元涨到 40 美元。这就是第二次石油危机的开端，伊朗和伊拉克之间的冲突加重了危机。两伊战争持续了八年。很多基础建设因两个国家之间的这场冲突而遭到损毁。在此期间，里根的政府部门及其盟友们暗箱操作，确保没有任何政治权力来介入并妨碍油轮和石油的自由流通。这是中东这段黑暗时期盛行的理论。

但是石油公司会战胜所有的障碍，承担石油危机带来的后果。这个显然不利的状况引发了价格剧烈升高，让石油公司可以维持盈利，通过大量投资近海石油来减缓衰落。

在这个十年里，西方公司及其能源模式的极度脆弱完全暴露了。飞速发展的那些年里被隐藏起来的问题再也不能被忽视了。社会依赖着关乎存亡的石油液体，但是消耗石油的机构都离油田太远，石油在几千公里之外被无休止的战火点燃的那些国家里。于是，远程输送石油的想法诞生了：石油钻探平台、油轮、输油管道、管线旨在将这种液体送到我们的储蓄池里。这是一套以滴计量的输送系统，什么都不能将之打断。我们脆弱的社会就像重度瘾君子，生存所需的必要材料位于世界的另一头。在那个时代是否有可能开始一场戒毒治疗？

错失第一次断奶机会

某些石油进口国意识到这是一种对于远方资源的绝对依赖状态，他们开始投入到断奶事业中。由此诞生了节约和提高能源效率的政策，这些政策尤其在经济合作与发展组织（OECD）的成员国里被利用起来，其中一些国家实行的项目和措施显示出真正的高效率。由于1973年第一次石油危机与1986年石油过剩期间实行的能源节约政策，这个区域内每位居民的石油消耗量实际上趋于稳定,而经济合作与发展组织成员国的国内生产总值总体上提高了30%[1]。在这个时期,工业部门和工厂放弃了重油,重新转向电能,以石油为基础发电越来越少了(不幸的是煤炭发电越来越多)。第一批节油汽车在市场上露头,比如现在具有收藏价值的小型节能轿车雷诺5号。

也是在这个时间点出现了生态工业方面的第一波创举,特别是在丹麦。凯隆堡(Kalundborg)的"工业共生"就是由经济参与者们(其中包括一些斯堪的纳维亚石油企业)自愿发起的创举,并得到了当地政府的支持。动员人们反对自然资源浪费,反对能源和原材料价格的提高,这些都是源于这个独特的工业计划,它鼓励扎根于统一区域的企业之间形成合作,互助互惠。这些物质与信息交换首先回应了经济层面上的当务之急,不管是控制支出还是减少原材料和水的消耗,还是降低废料总量和二氧化碳排放量。作为补充,交换有助于减少原材料供应方面施加的压力和对于某些资源的依赖。这也是环境效益第一次很明确地成为经济参与者全体追求的目标。

---

[1]《经济观察与诊断》,经济形势观察机构(Observatoire français des conjonctures économiques, OFCE)的杂志,1986年,第15期,第5—112页。

1972年在斯德哥尔摩举行的联合国会议终于聚焦了全世界的注意力，让国际上关注到环境问题，担忧起经济发展给地球上大的生态平衡带来的后果。

　　一个新的概念出现了，也就是可持续发展，1987年世界环境与发展委员会会议递交的布伦特兰（Brundtland）报告里提出了这个概念。它被定义为"既能满足当代人的需要，又不损害后代人满足需要的能力的发展"。可持续性的概念被明确提出，引申到公共财产和底线的概念，借此发出提醒，我们的生活已经超出了我们的能力范围。

　　不幸的是，由于市场和政治领袖们的短视，石油过剩危机之后，从1987年起，这项努力直接被稀释了。坏习惯又占了上风，过去的教训并没有被吸取。石油价格迅速下滑，所有可持续发展相关决议及投资都烟消云散。破损的经济弹簧很快收紧，就像一个无法戒断的吸毒者，各国和各个经济体系重新扑进了依赖的虎钳中，珍贵的数十年就这样被丢弃。第一次摆脱束缚的尝试失败了。警报是残酷的，但很少有政策敢于打破石油推动的经济回升假象。

　　画面在此定格。就在20世纪这个精确的时刻，就像阿兰·雷乃（Alain Resnais）的电影《吸烟/禁烟》[①]（*Smoking /*

[①] 1993年上映、由阿兰·雷乃执导的喜剧片《吸烟/禁烟》。

No smoking）中所描绘的，我们被卷入了一个可能却不确定的"前途"之中，因为一切都有可能突然走上岔道，改变历史的流向。世界确实本来有可能走上另一条发展的道路，重视起能源自主，努力进行可再生能源、就地可生产能源方面的研究，并坚持下来。从19世纪末起就驯服了太阳能的工程师奥古斯丁·穆硕（Augustin Mouchot）的话就像一道预言一样回响："有一天必然会来临，燃料短缺，工业将被迫回到原点，只能加工天然制剂。煤和石油的库存仍将在很长一段时间内为工业提供它们的热能，这一点我们毫不怀疑。但是这些库存也毫无疑问会有用光的那一天。因此别沉睡在虚假的安全感里才是谨慎和明智的[1]。"虽然太阳能没有发展起来，但原子工程师们也没闲着，从20世纪70年代起，经济合作与发展组织成员国都在加速推进核能发电项目。核能首先在社会接受度上就存在不少问题。提出了其他的一些问题。但更重要的问题是，核能无法满足目前由石油覆盖的能源需求。因为没有任何其他能源可以做到这一点。

这个十年代表着第一次摆脱石油的尝试失败了。时代的差异非常大。环境意识当时处于模糊的起步阶段，只有一个雏形，气候警报还没有响起，重回物质舒适的状态让我们变

---

[1] 奥古斯丁·穆硕（Augustin Mouchot），《太阳之热及其工业应用》，高提耶-维拉尔出版社（Gauthier-Villars），1869年。

得懒惰而松散。此外，世界治理模板被工业、金融、政治和军事参与者们搅浑、支配，紧密联系并形成化石权力矩阵，不管是谁，要从中自我抽离都非常困难。

危险关系

化石文明逐渐从被贪婪、掠夺和暴力啃噬的基石上建立起来。从洛克菲勒在1860年的第一个钻探井，到近东分裂和两次世界大战，石油成了人类赖以生存的战略性原材料，也构成了20世纪悲剧冲突的真正动机，其阴影辗转于各大战场、权力的后院、各个历史进程的交点与分岔。

随着第一次世界大战，石油真正地进入到国际场景中，不再离开。石油帝国和财政部长之间的敌对，相较于人权战斗和人民解放，更持久地代表了20世纪的历史和地理。在两次世界大战、非殖民化的转折点和中东战争之后，隐藏着一场麻烦制造者的游戏，世界强权势力的石油资源控制权博弈。

战争的神经

第一次世界大战起，战争的基本格局就定好了！这场战争的胜利很大程度上要归功于约翰·洛克菲勒名下的新泽西标准石油公司为联军运送的石油。但是这位美国巨头被迫在1916年中止运送，使各交战方处境微妙。英国人和法国人的赛克斯-皮科协定[1]使觊觎中东地下资源的洛克菲勒非常生气[2]。少数人的经济利益已经凌驾于爱国主义价值观和国家安全要务之上。一个协议在最后关头达成了，促成了联军的胜利和德国的失败。在这段时间，在战壕里，骁勇的法国兵并不知道战争的出路主要取决于石油供应，而不是他们英雄主义的牺牲。从这一刻起，石油远比流血价更高。

在两次大战之间，各国外交博弈背后，商业开始繁荣，权力关系加强，新一批财团在政治敌对的基础上露头。石油公司仗着各自政府势力，开始不择手段地瓜分中东。伊拉克作为地理和司法屏障，让大战胜利国可以更好地开采美索不达米亚慷慨沃土的地下资源。

从1920年起，寻找新矿床的行动发起，特别是美国，寻矿耗资几乎花费掉美国国内生产总值的全部。美国总统卡尔文·柯立芝（Calvin Coolidge）开门见山在1926年宣布："国家最高权力取决于石油及其产品的所有权[3]。"从1928年起，

---

[1] 艾瑞克·洛朗（Éric Laurent），《石油隐藏的一面》（La Face cachée du pétrole），口袋书出版社（Pocket），2007年。

[2] 赛克斯-皮科协定是法国和英国于1916年5月秘密签订的协定，它计划将中东分为5个区域进行瓜分。

[3] 马修·奥扎诺（Matthieu Auzanneau），《黑金，石油的伟大历史》（Or noir, la grande histoire du pétrole），发现出版社（La Découverte），第126页。

比雅尔塔（Yalta）会议早 17 年，主要石油公司领导人彼此达成一致，合并了除苏联之外的几乎全部世界产量。他们瓜分世界，手握政治和经济权力，凭借的是被朴素地命名为"如此"[①]（Tel quel）的一套协议条款，其中的细节始终隐藏于世，直到 1952 年，在这一年它因为一场引起轰动的公开调查而被泄露出来。这并不能在多大程度上改变各大石油巨头垄断利益集团的商业行情和经济风气。

似乎没有什么能阻碍各大公司的凶猛胃口。这些公司毫无困难地跨越那些为了国家宣传目的而树立的外交战线。虚张声势的苏联也会与敌国有生意合作。美国工业家弗雷德·科氏（Fred Koch），石油化工帝国的创建者，在 1930 年到 1932 年之间销售精炼装置，意外地让斯大林重新激活了他的石油工业，给西方世界带来危害。在德国重整军备的最强时期，美国石油巨头约翰·洛克菲勒名下的新泽西标准石油公司与由纳粹党的一个当选者领导的德国法本（IG Farben）公司的化学家签订了联盟合约。他们毫无顾忌，在全面开战的时期，帮助纳粹德国制造合成石油。

我们于是在第二次世界大战之中又见到了石油。"二战"

[①] 马修·奥扎诺（Matthieu Auzanneau），《黑金，石油的伟大历史》（Or noir, la grande histoire du pétrole），发现出版社（La Découverte），第 141 页。

更漫长、更全球化而且远比 1914 年到 1918 年间的那场战争更致命，参战军队能源力量倍增助长了这一切。主要的侵略者拥有同样的弱点：他们在自己的领土上没有能源；日本人逐渐受限于燃料短缺，要知道日本神风队那些或多或少出于自愿的年轻飞行员没有足够的必要燃料回到基地……历史逸事中的悲伤讽刺：希特勒自杀之后，他的尸体立刻献祭给了火和汽油，完全符合他的命令，而贝尼托·墨索里尼（Benito Mussolini）一经击毙，就被倒吊在一家加油站。

日本 1945 年 9 月投降之后，日本的《朝日新闻》写下了这几行文字："这是一场因争夺石油而起、又因石油匮乏而终止的战争[①]。"因此这并不是唯一战胜野蛮的民主理想力量。这里并不是要否认所有在战场上倒下的男男女女，但这场战争，就像前一场那样，它的胜利多亏了联军启用的战略，使敌方能源耗尽。

力量不可否认地属于拥有石油的那一边；合成燃料工厂和汽油补给车队源源不断给密集轰炸提供支援，承诺和意志无法抵抗这强大的火力。

美国人成了这场战争的大赢家，这为他们 20 世纪 50 年

[①] 罗伯特·高拉尔斯基（Robert Goralski）、鲁塞尔·弗里伯格（Russell Freeburg）《石油、战争和明天》（*Oil and War, Morrow*），1987 年，第 298 页。

代盛开的从超级英雄到超级大国的神话之花提供了长期养料。超人这样的角色，作为美国战后文化中的真正偶像，奇迹般地体现出这个国家的价值，成为世界超级经济强国自由价值观的终极捍卫者。

全盛的美国确实需要很大的力量来坐实其经济霸权。美国总统罗斯福和伊本·沙特（Ibn Saoud）国王在1945年达成的协议为美国石油公司开出一条道路，顺便将英国人和法国人赶出沙特沙漠。这些石油公司预测到世界重建必然产生巨大的能源需求，都渴望征服新的原油资源，掌握生产之本。美国的势力根基扩张到其国境线之外。新泽西标准石油公司转生为阿美石油公司（Arabian American Oil Company）。骁勇的超人变成了超级沙特人。

力量的阴暗面

石油工业变成一个世界工业，创造出它自己的金融规则，躲过一切国家控制。石油的历史中掺杂着许多曲折迂回。为了获取资源而采取的那些手段如果列一个清单，将会长到不胜枚举。通俗来讲，在美国和欧洲的那些石油公司之间，所有招数似乎都被允许，它们有时还能获得各自国家的情报部门的支持，只为扰乱某些拉丁美洲或中东政府。

想想伊朗，在当代历史和日常时事的褶痕之间，那里仍然保留着滚烫的印记。伊朗曾在数十年里要定期给英国上贡；

1949年，国家民主党领导人摩萨台（Mossadegh）终于公开反对强大的英伊石油公司（Anglo-Iranian Oil Company）掠夺伊朗的石油资源，并要求石油资源收归国有。美国在伦敦方面的询问下，第一时间反对英国人精心起草的入侵伊朗计划。这种情况在两年里都是处于一种僵局。英伊石油公司的股市行情崩塌，而伊朗，窒息于英国皇家海军（Royal Navy）的封锁，只能走私出售自己的石油。这不能让你们想起什么吗？

1953年，艾森豪威尔上台和斯大林的逝世改变了格局。当时需要做出的决定，对于伊朗整个国家民族都会产生非常重大的后果，并且在六十多年后构成了一个可怕的根源，仍然并且将一直恶化国际关系。被命名为"阿贾克斯"（Ajax）的行动当时由美国中央情报局（CIA）发起，英国陆军情报六局（MI-6）负责支援，行动的结果是美国与伊朗之间几十年的互相怨恨与怀疑。

1953年3月5日斯大林逝世后，艾森豪威尔和丘吉尔决定展开行动。西方世界要向伊朗国王施压，使他摆脱太过碍事的摩萨台（Mossadegh），摩萨台当时已成为政府领导人，且与俄罗斯人走得很近。一个有趣的细节，伊朗国王极度不信任英国人。他不想被卷入这场毫无担保的行动。为了让他信服英国皇室的永久支援，丘吉尔想到一个办法，给他传递一条加密消息，证明善意。由BBC的主持人在一个准确时间宣布"正是午夜"而不是通常的说法"现在是午夜"①；约翰·勒卡雷（John le Carré）以此为灵感下笔就更好理解了。石油对于间谍小说来说也是永不枯竭的矿床逸事。

多次转折之后，摩萨台被撤职，被软禁在有监视的住所里。伊朗国王在西方人的帮助下赢得了他的政变。

伊朗国王在 1954 年签订了一份协议，建立了新的石油秩序。美国公司窃取到大头，赶在英国人之前，更远远赶在法国人之前。这份协议一直生效，直到 1979 年阿亚图拉·霍梅尼（Ayatollah Khomeini）由一场伊斯兰革命推举而掌权，而后爆发两伊战争，原油产量锐减，第二次石油危机爆发。我们了解后面的故事，美国大使被挟持为人质，两个国家针锋相对，这种状态持续了很久。

被剥夺的去殖民化

摆脱殖民枷锁和重得地下财富所有权是人民的合理愿望，而这却在西方国家和苏联对各自生存利益的保护之下被摧毁；不稳定、收复、操纵，所有的手段都得到允许，以巩固或赢得新的战略立场。美国人和苏联人踩着分崩离析的法国和英国殖民帝国温热尚存的残骸，终于可以把最好的一份留给自

---

① 《CIA 在伊朗》，《纽约时报》，参见 cf. www.nytimes.com。

己。他们煽风点火，每一方都挥舞着人权和自由的大旗。同样被征服和支配的胃口驱动，只有隐藏的意识形态将他们区隔开来。殖民地人民对于民主的向往将被扼杀在萌芽阶段，石油资源将处于得意的独裁者们铁石般的护卫之下。

伊拉克战争并不是始于乔治·老布什。2003年《纽约时报》上由历史学家罗杰·莫里斯（Roger Morris）执笔的论坛让读者们回忆起"四十年前，在约翰·F. 肯尼迪的总统任职期间，CIA 与萨达姆·侯赛因合作策划了一场制度变化[1]"。大环境下始终是利益保护占了上风，西方石油公司一直极力主张付诸行动。卡塞姆（Kassem）将军当时是巴格达领袖，他在1961年签署一条法律，收回租让给西方财团伊拉克石油公司（Iraq Petroleum Company）的一批还没有进行过任何钻探的领土；这就让99%的潜在石油转让泡汤了。1963年萨达姆·侯赛因在美国人的支持下登台掌权，美国人重新掌握了伊拉克的石油。

1960年，美国人在情报部门的提醒下，加强他们对于沙特阿拉伯的控制，正式反对这个王国在历史大潮推动下的任何民主化尝试。这是这个国家第一次也是最后一次摆脱它五十多年以来身陷其中的专制主义的机会。

---

[1] 罗杰·莫里斯，《40年暴君的诞生》，《纽约时报》，2003年3月14日，马修·奥扎诺引用于《黑金，石油的伟大历史》，发现出版社，第243页。

1962年阿尔及利亚正式获得独立，对于法国的生存利益来讲是一次严峻的打击，法国十分依赖撒哈拉石油。这场独立得到了觊觎地下财富的美国人和苏联人的大力支持乃至资助。法国试图用1962年签署的埃维昂协议（les accords d'Évian）保住它的利益。这些协议是由一个名叫乔治·蓬皮杜（Georges Pompidou）的人负责谈判，他曾是为罗斯柴尔德（Rothschild）商业银行效力的银行家，石油工业的财政部长。协议赋予旧时代的殖民者们一个权利，可以检视投资于阿尔及利亚的资本，迫使外国石油巨头增加与法国公司的合作。呜呼哀哉，1964年起，阿尔及利亚将法国及其埃尔夫（Elf）公司淘汰出局，打开大门迎接美国，然后是苏联。这两个国家机智地瓜分了新鲜的国有化的撒哈拉黑金，承诺出力支援年轻的国家阿尔及利亚开采油井和气井。

　　石油部门永远是主要的财富来源，但也是五十多年以来的腐败之源，腐化了这个国家里所有的政治圈、行政圈和军事圈。这个国家年轻而冲动，拥有独一无二的财富。总统是一名长卧不起的隐形老人，这场黄昏之治正是令年轻一代陷入保守主义和绝望之中的化石诅咒的第五元素。

　　石油输出国组织[①]（OPEC）创建于1960年，正值石油开

[①] 石油输出国组织（OPEC）创建于1960年9月，是一个多国跨政府组织，旨在与石油公司进行一切有关石油生产的谈判。

采的黄金时期，与非殖民化大潮同期。从一开始，石油输出国组织就只是一个空壳，把伊拉克、伊朗、沙特阿拉伯、科威特和委内瑞拉聚在一起。这5个国家拥有世界原油储量的80%，却完全没有对这些油进行控制。这个毫无政治影响力的机构丝毫没有引起各大公司的焦虑，这些公司始终是游戏的主人。这里还没有算进一个叫卡扎菲（Kadhafi）的人。

才不是为了解救被残害、被压迫的人民，没有壮丽的抒情故事。真诚地投身于自由之战，成了谋取经济和地缘政治利益的正当理由。还没到解放的时候，只是生意罢了。

冷战终结

寻找石油，永不停歇，在苏联解体之后。冷战的最后一幕在罗纳德·里根（Ronald Reagan）总统任期下展开，剧本由发现了苏联阿喀琉斯之踵的美国石油工业量身定做。20世纪80年代初，苏联的烃销售额勉强使账目收支平衡，抵销支出。油价稍有下降都会给苏联经济带来可怕的一击。这就是1986~1989年发生的事，那段时期被标记为石油过剩，当时沙特石油淹没市场，售价低于20美元，使苏联经济不可避免地感到窒息。米哈伊尔·戈尔巴乔夫（Mikhaïl Gorbatchev）在2010年宣布："里根说服沙特阿拉伯国王将更多的石油推上市场，拉低油价。我们主要的外汇来源因而减少了三分之二①。"这些压力足以加速一个强弩之末的经济体解体。

柏林墙倒塌的画面相比于这场石油战争更加偏向精神层面,但其实这场石油战争比民主意识形态的突然袭击更加稳健地扼杀了苏联。

然后,时任美国副总统的乔治·老布什展开了密集的压力集团活动,油价再次上涨。沙特阿拉伯作为和事佬,这回同意减少生产。是时候了,石油行情重新上涨给美国石油工业带来新一轮喘息,投入新的钻探工作。

海湾战争

要总结这段漫长的历史,不提到两场由老布什和小布什分别发起的伊拉克战争是不可能的。

萨达姆·侯赛因,1963年借助于CIA的共谋掌权,梦想成为伟大领袖。他把霸权之梦换算成石油美元,代价却是昂贵的。储量居世界前列的鲁迈拉(Rumaila)油田绝大部分位于伊拉克境内,却有少部分延伸到了科威特。萨达姆·侯赛因一直把这个接壤的小国当作伊拉克的一个省。1990年,他公然质疑科威特人吸走了他的石油,也就是夺走了他的大量

---

① 米哈伊尔·戈尔巴乔夫访谈,见于帕特里克·巴尔贝里(Patrick Barbéris)的纪录片《石油隐藏的一面》(*La Face cachée du pétrole*),德法公共电视台(Arte),2010年。

金融来源。当伊拉克 1990 年 8 月入侵科威特时，这位总统重新成为一个与沙特阿拉伯实力相当的石油帝国的领导人。

科威特是一个小型石油君主国，被驻扎在海湾地区的美国军队和行政机关恬不知耻地当成一所自己的加油站。尽管老布什总统是在科威特开启他的职业生涯，并且保留了一些亲密联系，但这个国家的领土完整性或许是他最不关心的事了。

为重新占有这间加油站而发起的行动，自然是部署完美，却显得出格。或许在美国战略家眼中不是这样，他们不希望看到已经建立的石油秩序受到质疑。这场冲突使得美国加强了美国在波斯湾的战略存在。在参战方的谎言和操纵之外，这些后果对于中东乃至全球的政治平衡也是灾难性的。美国人及其联军的真实动机现在仍然存疑。他们拒绝将萨达姆·侯赛因撤职，同时消灭了这个国家的资源，美国选择的战略使伊拉克人民突然陷入禁运、残杀和逃亡的人间地狱。

伊拉克石油，被认为是世界上较好的石油之一，从与伊朗的第一次冲突追溯起，二十年以来被慢慢抽走。此外，紧急的是，利比亚和委内瑞拉油田显示出资源枯竭的信号。想到可以订立巨额合约，将伊拉克石油工业重新推上正轨，再次从中捞到油水，这强烈的诱惑足以吸引大部分势力支持开战。这并不是那么难。伊拉克石油挑起了所有人的胃口，美国军队的维护给美国国库造成了天文数字般的代价。2008 年，总统小布什被迫筹划并执行撤军计划。

赢利领域的延伸

2010年,很多警醒世人的报告从各大机构(军队、银行、研究所、国际组织)流出,使大家提防现在起直到2060年可能出现的石油短缺。国际能源署的一份报告宣布,对于传统石油生产来说,也就是占世界产量五分之四的经典液态石油,石油峰值已经达到[1]。从那时起,一切新增长都是来自非传统和极限来源。石油将是一个走到尽头的资源,这样的观点开始产生。2010年4月墨西哥海湾深水地平线(Deepwater Horizon)钻井平台爆炸引起的黑潮在所有人的记忆中留存,但似乎没有任何迹象质疑钻探的重新开展以及动辄给石油工业数十亿美元补贴。恢复期的美国,在20世纪70年代石油危机以来最糟的危机发生之后,毫无愿望开启强制断奶。恰恰相反,对于石油工业,这是一个新的黄金时代的开端。

非传统石油的乐土

看起来一个教训被吸收了,是时候摆脱依赖,不是摆脱对石油的依赖,而是不再依赖来自遥远的不稳定国家的石油。

---

[1]《世界能源展望》,国际能源署,2010年。

传统石油的巅峰意味着一种优势：在邻国外交上重新夺回一点主权和亲近。非传统石油是一片商机乐土。2008年超过100美元一桶的高油价[①]使得投资有了收益。2010年起，阿尔伯塔（Alberta）的沥青砂成了美国第一进口来源；矿床前途一片大好，导致加拿大放弃兑现在京都协定[②]中关于温室气体减排的承诺。太难舍弃这份神赐的瑰宝了！整片整片的森林被铲除，在这片新乐土上留出地方给蜂拥而至的全世界石油公司安置钻探机器。这片领土位于加拿大中央，确实蕴含不少巨型非传统石油矿床，约有1750亿桶油，储量占世界第二，仅次于沙特阿拉伯。这只是一个开始，在委内瑞拉、巴西、俄罗斯，大量石油聚集已被定位。

石油的高昂价格也让人可以大规模发起页岩气开采。管道式水平钻井技术和刺激油层的水力压裂技术已经通过验证，被人们熟练掌握。第一次水力压裂可以追溯到1949年美国俄克拉荷马州（Oklahoma）的维尔玛（Velma）。很讽刺，第一份关于这个主题的重大科学著述——《水力力学：压裂》

---

① 股市行情上涨持续，直到2008年7月2日在纽约达到14427美元的峰值纪录。来源：法国石油研究所。

② 京都协定以1992年联合国气候变化框架协定为基础建立。这项协定于2005年经不包括美国在内的167个国家认可，推出了工业化国家减少温室气体排放的合法强制目标和期限。

(*Mechanics of Hydraulic, Fracturing*)在1957年由美国地质学家马里恩·金·哈伯特（Marion King Hubbert）发表，他将20世纪70年代的美国石油峰值模型化。多亏了他的研究，美国找到了第二个风口！创新存在于水平钻探和水力压裂的结合，其大规模使用让人们可以从页岩中释放石油和燃气。这项发现彻底震动了国际能源格局，为美国经济重新增光添彩。曾几何时，那些所有形式的能源消耗大国失去了对其资源和供应的控制，一度变得很依赖石油生产国。能源力量的关系重新颠倒了。

不过页岩油和页岩气的提取比传统石油更加复杂。传统石油会自发从土地中喷涌而出。页岩油和页岩气被锁死在不可渗透的岩石里，并且分散在许多矿囊中，简单钻出一个洞是不够的。必须强高压注入水、沙和化工产品，让岩石裂开，收回材料，使之升至表面。

关于页岩气，从环境的角度看，存在四种主要的关注点：水力压裂法会用含化工成分的水使岩石碎开，当这些水被储存在地下而未经处理，会有传染的危险；这项操作会在大气中释放不少甲烷，因此会助长温室效应；岩石压裂使地表不稳定，可能引起滑坡和沉陷；最后，这样的工地构成了真正的视觉和听觉污染，毁坏风景，增加了与材料搬运、交通运输相关的危害。在鲜少关注环境保护问题的国家，开采这种资源将会产生哪些后果？页岩气开采因此是一个敏感且颇受争议的话题，其原因也并不仅仅基于技术甚或环境方面的论据。

或许在 21 世纪初回头看，重温在那个大时代里改变了美国的黑金热有点奇怪。准确来讲那也是一百年以前的事了。我们渐渐习惯了不再去了解文明世界门口的这个采掘工业的各种麻烦。黑金和燃气逐渐令我们习以为常，视而不见；在如同另一个次元的遥远、敌对的地方开采出来，它们一路以近乎虚拟的方式来到我们这里。而这里页岩气开采的画面突然暴力闯入了我们已然驯化的西方乡村。眼看着成千上万座钻井疯狂挖遍地下，让我们的瘾变得更加强烈。《华尔街日报》2013年发表的一项调查提到，超过 1500 万美国人住在离钻井不到 2 公里的地方。钻井遍地开花，包括属于教堂、大学、分块地皮等的各种场地。没有一个地方被隔离开来，或得到保护。

只要技术和劳动力允许以经济的方式提取，在可再生能源和大规模能源节约得到推广前，页岩气就将被视为一种终结办法。在任何情况下，我们的问题都不可能存在终极而持久的解决方案。

多米诺骨牌效应

环境影响不是这项疯狂开采的唯一负面结果。欧洲能源政策承担了相应苦果。天然气在美国的强势回归引起了煤炭在欧洲的同等待遇。这片古老的大陆，曾投资于燃气联合循环发电站——它体现出双重优点，比煤炭热能发电站排放更少的温室气体，且不需要经过核能那一格——因而随着某种程度上的历史翻转，成了这场新的能源游戏中的大输家。

从2012年起，钻井发展速度如此之快，导致美国大量出口的煤炭变得不如页岩气有竞争力，这样便宜的煤炭大大降低了欧洲全新登场的那些燃气发电站的利润空间。在德国、英国，有时在法国，这样的发电站在开幕典礼之后常常好几个月没事做[1]。如此，供电商E.ON在2012年宣布关停11000兆瓦非核能发电量，主要是设在德国和比利时的燃气发电站[2]。通过简单的经济计算，充分利用又老旧又污染的煤炭发电站在高峰时期生产电能更有收益。这条非常短期的政策从有利能源过渡的参与角度看是不一致的。尽管用的是化石能

---

[1] 燃气发电站被关停，不是像德国核电站那样出于能源政策的选择，而是出于经济考量。英国森特理克（Britannique Centrica）就是这样宣布关停英格兰的金斯林（King's Lynn）发电站，其发电量达340兆瓦（MW）。同样，英国的国际电力公司（International Power）（GDF-Suez集团）关停了威尔士的肖顿（Shotton）发电站（210兆瓦）。挪威国家电力（Statkraft）关停了它设在德国的埃姆登（Emden）发电站（430兆瓦）。桑布尔河桥村（北）发电站由法国电力和燃气供应商Poweo公司建成之后不到两年，就被放上了拯救流程。来源：https://www.usinenouvelle.com/article/gaz-dans-l-energie-aussi-on-ferme-des-usines-N191401，2013年2月14日。

[2] 参见联邦能源和水企业协会（BDEW, Bundesverband der Energie und Wasserwitschaft）的网站。

源，燃气发电站是与可再生能源的大规模开发兼容的。为了补足电力生产随着日照和风力条件的波动，电网确实需要机动快速的发电站，然而煤炭发电站没有燃气发电站那样的机动性。欧洲，特别是德国，所处状况非常荒诞，他们正在关停更少污染的燃气发电站，并重新启用煤炭发电站，从而压倒资助代价极高的"低碳"解决方案。

能源过渡有时会走上一些漫长而坎坷的道路。根据一份由多家欧洲非政府组织联合撰写的报告——《欧洲发电站污染排名前30》[1]，欧洲五分之三最具污染性的发电站位于德国土壤上，通过引导立法机构对最破旧的那些发电站收税或将它们关停，或许能给实惠的煤炭敲响丧钟。这么多时间都被白白浪费在能源政策和产业政策的不一致上！

钻吧，宝贝，钻，那些终极储藏

还有什么可以钻探？答案可能听起来像个惊人的悖论：太多了。如果传统石油峰值是可见甚至已经达到，非传统石

---

[1]《欧洲发电站污染排名前30》这份报告由世界自然基金会（World Wide Fund）、欧洲气候行动网络[Climate Action Network（CAN Europe）]、欧洲环境署（le Bureau européen de l'environnement）、健康与环境联盟（Health and Environment Alliance）和德国气候联盟（Climate Alliance Germany）发表于2014年7月22日。

油资源的峰值仍然离我们很远。从气候倒计时的角度看，非传统矿床实在太多了。而且勘探从各个方向展开：深水近海、沥青砂、页岩、北极等。永远挖更深，永远挖更远，永远冒更大的风险，这似乎是各家化石公司的新信条，毫不顾忌近期墨西哥湾、遍布巴西或尼日利亚海岸的黑潮；并且毫不顾忌气候的当务之急。

基于波茨坦研究所关于 2011 年气候变化效应的一项研究，非政府组织碳追踪（Carbon Tracker）计算出，对于所有已证实的石油储藏，在 2050 年前不能消耗超过五分之一或四分之一，一旦超过这个界限，气候反常将不再可控[①]。不过以合理成本即可到手的煤炭、石油和天然气的可支配总量明显比遵守这个上限更优先。这意味着能源过渡将会（或者不会）在苦楚和放弃中进行。换句话说，必须做出决定，不开采这些终极资源，投资于能源的新形式。或者不做出任何决定，将主动权留给经济参与者，毫不介入政治权力，这个假设看起来很像真的。半个世纪之内，我们面临的不是石油匮乏，而是石油过剩。在我们的脚下存在着大量能让气候爆炸的东西。我们的领导人面临的历史责任感节点，恰恰处在对于这些终极储藏开采的相对选择之中。在下文中，我们还会展开来讲。

---

① 参见：www.carbontracker.org：《不可燃烧的碳》。

与此同时，不管气候变化与否，世界需要越来越多的能量，而化石工业还不想放弃利益，毕竟还有那么多技术上可开采的资源。在技术可行性之外，回报率也是真正的敏感点。太多非传统矿床回报率平平。非传统石油提取必须要耗费可观的能源和水。根据法国石油学院（Institut français du pétrole）的副教授皮埃尔·赫内·波奇（Pierre-René Bauquis）的说法，"一座传统矿床平均消耗它所生产能量的3%，而委内瑞拉奥里诺科河那种矿床则是7%，加拿大沥青页岩是25%，且比传统类型释放的二氧化碳量多十倍"。非传统石油的采掘非常耗能耗热，因而会排出更多的含碳气体。根据国际能源署（IEA）的说法，沥青页岩在2025年可以每天产生200万桶油，而这只是杯水车薪，要知道2030年消耗量可以达到每天12000万桶。沥青页岩似乎成了一种障眼法，因为能量平衡表看起来比价格更具参考权重。实际上，不管能源价格多少，永远要消耗那么多才能开采矿井。这些新矿床的钻探不过是在续命，哪怕最多几年而已。

与此同时，人们的胃口丝毫不受影响，大家的目光如今转向北极，多亏气候变暖，那里的海路终于打开了。俄罗斯寡头和西方公司结成盟友。历史在重复。其他的可能性也崭露头角，在拉丁美洲、非洲、亚洲，土地将被吸干榨尽。追求变得疯狂。整片土地上的目光都牢牢盯着石油价格：太低，投资将无收益，但我们可以在能源有效性方面推进努力；太高,家庭消费和经济增长将被遏止,但去极地寻找石油将会很赚。每个人都有他的战略和选择。理查德·米勒(Richard Miller),曾任 BP 公司社会展望学家,关于页岩油和沥青砂有这些话要说:"我们就像老鼠,吃完了玉米脆片,发现还能吃纸盒[①]。"

以开采简易和无节制的消费迷醉为特征的化石的黄金时期,似乎已经远离我们成为过去。在那段如有神助的时期,在土地里挖个洞就足以让石油喷射,建立帝国。尚待征服的非传统石油资源首先需要资本、技术,而回报率则不确定。然而,这些终极资源将有助于重新征服一份同样宝贵的财富:绝对权力,乃至能源独立。

两个重大的事实逐渐改变了中东局势的发牌:自从大量开采非传统烃,美国作为一个能源消耗大户,渐渐在减少他们对海湾国家的依赖,并正在往自给自足的方向发展。这样的趋势翻转会强化他们相较于欧洲的经济竞争力,原因是这些烃的开采会引发成本降低,疏远他们与阿拉伯世界永不停息的痉挛般的联系。另一方面,2015 年 7 月 14 日在维也纳签订的关于伊朗核问题的协议终止了超过 35 年的冰冻期,让这个国家摆脱曾笼罩它的海禁。伊拉克在这样的地缘政治新

① 马修·奥扎诺,《黑金,石油的伟大历史》,发现出版社,第 610 页。

棋盘上会变成怎样？

当人们对钻探和化石赢利执迷不悟，金融、科技、气候乃至伦理，这几项不同元素会在方程式里展开怎样的互动？首先撇开伦理问题不谈。在强势、民主的政治权力缺位的情况下，伦理在这个全球化的工业疆域中没有任何权重。对科学进步的笃信和技术进步的现实让我们确实可以想象在极限条件下提取出最后一滴石油；地质学（或简单来说正确的方向）有时最后可以说了算数。不，肯定地，能够推进向着能源去碳化方向走的能源过渡属于纯经济计算范畴，不含任何情感。能源过渡有一天会来临，让我们期待它来得尽可能早，到时停止化石能源开采比继续这样下去更有收益且更少风险。这就是我们所剩的用来加速改变的唯一淡薄希望。而且这样的时间几乎要来到了。正如我们会在不久之后提及的那样，或许发起这项运动是可能的，但这是纯粹基于投机逻辑的豪赌，并不构成战略，不足以涉足气候壁垒所代表的新阵线。

我们已经跑完了一个世纪，一个科技发展和进步史无前例的世纪，两场世界大战，还有无数场让这星球始终熊熊燃烧的冲突，以及各种盟约的翻转。石油资源获取在中东、亚洲、美洲乃至非洲的地缘政治中扮演了一个决定性的角色。石油作为20世纪的战略性和结构性轴心，孕育了一个全新的文明——化石文明。

一个简单到近乎天真的问题来了：用一直以来的苦难换

来石油是否值得？以石油为代表的化石能源是把双刃剑，同时带来赐福和诅咒，常常亦正亦邪。很难想象一个石油缺位的世界；作为人类赖以生存的神奇液体，石油促进了科技上的很多奇迹，改善了这个星球上大部分居民的生活条件。但是那是怎样的代价——人类的、生态的？这些号称为了进步而付出的牺牲，有没有促进建立一个对人类尊严和环境都更加尊重的开明社会？

气候变化会在21世纪发生，它会是我们留给后代最可怕的债，且是我们最大的破产。如果我们在40年前选择了另一条道路，可能就不会是这样的后果。这个世纪有许多噪音和怒火，充斥着野蛮生长与荒诞不经，如果莎士比亚还在或许会大受启发。物质主义社会，大众消费，在这样的模式里，火力被一推到底，直到最后的尽头。我们就在这儿。我们是能够对气候行动起来的最后一代[①]，但是很不幸，我们将不是化石文明的最后一代。化石能源在21世纪初仍然是最重要的能源。这利益造福谁？造福我们中的大部分人以及石油贵族。那些化石文明的巨头原来可谓进步的先锋，如今却沦为保守主义的歌颂者，他们到底是怎样的存在？

---

① 转述联合国秘书长潘基文（Ban Ki-moon）2015年7月26日联合国宪章纪念日的话。

第 2 章　面临气候变化的化石文明

"我死后哪管洪水滔天是每个人没有明说的座右铭：如果我们承认有人活得比我们长，那是怀着他们定将被惩罚的希望。"

——埃米尔·米歇尔·萧沆（Emil Michel Cioran），
《诞生之不便》（De l'inconvénient d'être né）

"必须改变一切才能让什么都不变。"

——朱塞佩·托马西·迪·兰佩杜萨
（Giuseppe Tomasi di Lampedusa），《豹》（Le Guépard）

人类借助化石能源得到飞速发展，并影响了 20 世纪的主流意识形态。但是这样奇特的壮举并不止步于简单的物理和化学过程。人类的精神最深处也相应经历了深深的改造。这些手握大权者心中的责任感，有没有随着权力的行使而渐长？纵观当代经济史和政治史很难这样想。化石时代的大亨们遍及全球，构成了工业和金融新贵。他们是谁？石油、燃气、煤炭公司及其整个生态系统：钢铁工业部门、交通部门、能源部门、农产食品加工部门、银行部门、基金管理部门、压力集团管理部门、律师部门、外交部门、智库机构、国家、政府和政治阶层、研究中心……列表太长了。石油巨头们权势空前，稳稳地占据社会阶层的支配地位，无须武器、投票箱或神恩的辅助。它也象征着均质化、解放和奴役的力量，发展出具有深远影响力的科技，史无前例，创造出一个消费理想，由全世界人民的压倒性票数通过。

从冷战中胜出的新自由主义模型，挟持了亚当·斯密（Adam Smith）的资本主义，似乎彻底与人道主义和伦理价值观决裂。这些新主人在一百年不到的时间里强势登场，将政治权力缩减为附属功能，麻痹人们的良知，并打算坚守其支配性地位。

在21世纪的转折点上，包括石油在内的一切可燃化石能源成了人们手中的工具，推动了不可逆转的历史进程，引发各种气候反常现象。发生在明天——或者简单来说该来的时候就会来临——的干旱、飓风和其他海啸，将是人类行动引发的意外现象。这些如此强大的人类完全忙于治理他们的帝国，当然没有预料到，更不想要发展到这一步，但是他们从今往后又能如何无视、否认尤其是反抗它呢？两难困境很可怕：为什么、以什么名义舍弃美妙的持续利益？气候和渴望改变发展道路的人们成了化石产业巨头们眼中的大敌，而这些巨头没有意识到的是，真正的敌人是他们自己孕育的复仇女神。

化石军团的骄傲步兵们走上前线，他们信任市场机制，市场机制一定会在必要时创造出有效的替代手段：非传统石油储藏将会增多，因利益吸引他们征服难以开采的矿床，而不经济的可再生能源会变得经济，比如太阳能或生物燃料。经济增长会重启。这让人想起吹牛大王闵希豪森男爵[①]（baron de Münchhausen）的英雄事迹，传说他提起自己的头发，以一种自我超验的形式拯救了自己和他的马，而他和马本来注定会溺死。一切都看起来完美理性，处于控制之中，似乎没什么能证明所谓的星球威胁带来的这场动荡。

简直判若两人！曾为人类历史加速前进做出了那么多贡献的化石贵族，现在竟然成了保守势力领军者，面对气候变化威胁无力创新，一心只想坚守既得利益。

化石英雄的普罗米修斯或母体

有种说法是"一个生命的存在是在其存在中延续[②]"，特

[①] 鲁道夫·埃里希·拉斯柏（Rudolf Erich Raspe），《吹牛大王历险记》（Les Aventures du baron de Münchhausen）。

[②] 斯宾诺莎（Spinoza），《伦理学》（第三册）。

别适用于人类，和所有物种一样，人类倾向于自我扩张。此外，人类在生命的王国里占据了一个特殊的位置，由希望被认可的永恒驱动和格外发达的自我意识与其他物种区隔开来，以至于我们中的每个人都将自己视为独立个体。人需要存续，需要得到肯定。人总在支配、敌对、弄权、奋发向上、不断升级。人总梦想变得伟大，超越从前。所有这些欲望都从遥远的上古时期起就镶嵌在人类灵魂深处。远在化石能源到手之前，人类就幻想自己与众不同、力量强大；这些能源让力量与知识的梦想变成了可能。而这个梦想人人共享，仿佛汹涌、解放的浪潮。

欧洲，普罗米修斯的摇篮

从 18 世纪起，征服美洲和遍及各大洋的航海探索，赋予欧洲人一个凌驾于其他民族之上的巨大优势。工业革命打开了一条崭新的社会和经济组织道路，通过大量开采煤炭和石油与千年来的模式决裂，欧洲获得了不容辩驳的霸权。这是蜕变的开始。当世界各地正在推崇俭朴的伟大品德以及相应的生活水平时，蒸汽机的发明开创了一个史无前例的发展时代。农业丰收和婴儿死亡率控制助长了人口爆炸，随之而来的是生活水平的提高和物质条件的总体改善。

但是这一切如果没有一场重大决裂都是不可能的：化石能源的获取让能源掣肘迎刃而解。19 世纪和 20 世纪期间，西方国家作为世界上的新贵，变得超级强大，控制大量任劳任怨的苦力为其开采能源。没有美洲广阔土壤上提供的煤炭和资源，欧洲，尤其是英格兰，永远不可能有机会产生世界影响力，并成为化石文明的摇篮。很讽刺，欧洲正是因为挺进美洲这片源源不断提供木材、纤维和耕地的天然生态宝地，才得以跃升为新晋世界霸主。

是否也必须从欧洲本身的文化特色的角度看待问题，来理解这次飞跃的原因？宗教、哲学和司法为他们的索取行为提供了有利土壤。以自我繁殖和不可毁灭为主的人类幻想；物质主义潮流培养出的个人主义倾向，旨在显示社会生活符合功利主义目标。在柏拉图那里，人与物的关系就已经优先于人与他者的关系。

普罗米修斯给人类带来火，那时的人类还在以"前社会"的形式存在。人在成为一个与他者和自然有联系的存在之前，是一个认知主体，一个工具制造者（Homo faber）。将火送给人类的普罗米修斯——被埃斯库罗斯（Eschyle）评为"爱人者"——同时也给人类带来了语言、科技和艺术，这一切将人类抬高于其他动物之上，使他们更接近神。所以普罗米修斯是一个造福者。他解放了人类，使人类可以完成使命。以现代的阐释重新浏览这则神话，我们可以推导出，普罗米修斯并不是随便给了人类一种火，他给的是化石之火。一条崭新的道路打开了，"普罗米修斯"之路，在这条路上，人们被赋予自由，实现物质主义大计，无限提高产量和支配力。普罗米修斯将人类异化并囚禁在无节制的力量幻觉之中。

一切矛盾都能归纳为两点：解放之火和奴役之火。人们渴望享有充实的存在体验，这份欲望此时此刻就能得到落实，无须等待永生。但人们既不可能满足这份欲望，也不可能将它从心里赶走。人们对此又爱又恨，所以会否认发展限制的存在，同时积极捍卫自己超越极限的执念。

超油人

在 20 世纪，特别适合代表普罗米修斯神话的当代形象是超人。这里的普罗米修斯理想型看起来既是对于超越的追求，又是超人力量的展示，标志着幻想，激发出强烈的认同欲望。超人这样的角色，作为流行文化的偶像，在美国具有奠基型神话的特性。1993 年 1 月由美国作家杰瑞·西格尔（Jerry Siegel）和加拿大编剧乔·舒斯特（Joe Shuster）创造出来的超人是一个外星孤儿，实打实地从天而降！如果说这个形象是原创，那么创作者们还是或多或少有意识地从许多已有作品中受到了启发。主人公的名字本身就是取自弗里德里希·尼采的《查拉图斯特拉如是说》中的"übermensch"直译。此外，将婴儿放在太空飞船里送出也让人想起摇篮里的幼时摩西的命运。

这个超人是被巨大的力量刺激的社会的典型，这个社会向往征服与自由之梦。很难不把石油与这些翻了十倍的力量联系起来，这样的力量大大超越了物理世界的范畴。所有这类超级英雄都来自最尊贵的家族，用他们的生活讲述着无往不利的美国历史、迎战邪恶的美式正义以及真善美的美式生活方式。基本信息始终一样：你们可以随时掌控自己的命运，在这个鼓励能者多劳、自由创业的国度，成为一名超级英雄。人们一边过着日常生活，一边幻想着英雄主义生活，两种生活持续共存，促进了身份认同。"蜘蛛侠"之父斯坦·李（Stan Lee）写道："不管哪座小城市里的哪位小职员都暗地里期待着有一天，能从平凡的自我中破茧而出，绽放超人光采。"被大量消耗的化石能源确实让任何一位普通美国人力量都增加了十倍。

一个通用模型

如果超级英雄们看起来是自由繁荣的美国社会的完美象征，演绎出无限的活力，那么他们是不是同样算得上西方意识形态的创造物？换句话说，超人是不是也可以是俄罗斯人？答案是肯定的。

所以历史保持了完美的连贯性，而普罗米修斯理想型的角色化身反映出同样的"化石"般的中心动机，依托于同样的暗示：承认一种将个体或集体工具化的绝对力量，而不考虑自然环境和人类存在；同样的对于公平和解放的愿望；同样的对能源不可熄灭的欲望，在前进的路上吞噬一切。

化石文明共享同样的普罗米修斯启迪和同样向往力量与支配的胃口，做出为善良公平服务的样子。这就是这个文明的终极力量，在一切革命理想和野蛮崩塌时幸存下来，以更好地从灰烬中重生。化石文明和石油这种物质一样，极易延展，十分可塑，立足于解放与奴役的双重性。普罗米修斯的解放之火与奴役之火在所有人的内心深处沉睡，随时可能被唤醒、爆发。这个文明能够延续，恰是因为它完美操纵了我们对于自由的向往和我们对于支配的渴望。

又要提到生态超级英雄，让他杀掉吐着碳的懒惰肥龙是不可能的任务。

曾经在美洲以及其他地方

崭新世界秩序的建设者们发挥雄才大略，规划、组织并掌控着社会与经济共同进步的大好前程。于是，地球在短短几十年内脱离了长久稳定的生态平衡状态。石油和钱大量流动，起重机和汽车占据了城市。这些人完美地理解了这个新文明的发条以及与石油经济活跃度相关的令人眩晕的利益展望。作为帝国的缔造者，他们站在摩天大楼之上兜售理想，却拒绝露出自己的王牌，与外人共享最好的蛋糕。这些魔术师，这些幻觉大师，他们用化石的魔棒将我们无边的梦想化作一场空调噩梦[①],他们是谁?

化石贵族

显贵者,得荣耀!如果化石能源的出现与欧洲特别是英格兰有关,那么石油的出现紧密地扎根于美国,是洛克菲勒家族的摇篮,是第一个石油王朝。新泽西州的标准石油公司是埃克森美孚(ExxonMobil)的前身,由祖级创始人约翰·洛克菲勒创建于1870年。这个男人的故事绝不平庸。他不是发明家,也不是地质学家,却格外有眼光且视野超前,他清楚地感知到石油革命的巨大潜力;他找到了对的地方落脚,赶上时代的浪潮,趁势发迹,他和他的整个家族率先缔造了前所未有的伟大工业帝国。从某种角度来说,只有百年之后主宰数字时代的比尔·盖茨可以与他媲美。

约翰·洛克菲勒在经济和金融模型的建立上表现杰出,将它们围绕着工业利益的提升和守护进行衔接。标准石油对其他当地小公司和中东入股的加强导致了生产的垄断,布置得既全面又精巧,将巨大的财富收入囊中。约翰·洛克菲勒构建了一个可观的帝国,战胜了所有竞争者,借助的销售手法和策略仍然在为大型分销提供灵感,这主要得益于完全由

---

① 说法取自《空调噩梦》一书,作者亨利·米勒,发表于1945年。

他收买的中介网络。他投资于美国所有大工业、金融机构、铁路、矿场，这样扩大了他的势力范围，以至于两次拯救了华尔街，在战略性时刻用资金接济多家银行。似乎没有什么能打败他。尽管1911年反托拉斯法迫使他解散了自己的企业，但他还是通过在所有已经独立的子公司中的入股保住了自己利益；这些子公司老老实实分管各自的领地，从不参与竞争。洛克菲勒毫无疑问是化石家谱上的鼻祖。

洛克菲勒独一无二的经历被哲学家伯特兰·罗素（Bertrand Russell）分析："两个男人对于现代世界的创造必不可少，洛克菲勒和俾斯麦（Bismarck）。"关于石油巨头，罗素还写道："他很重要，不是因为想法与同时代的人相同，而是因为他对于组织类型的实用理解，这让他变得富有；科技借他之身运转，生出一场社会革命[1]。"

保罗·安德森（Paul Anderson）2007年完成的精彩电影《血色将至》（There Will Be Blood）展示了石油热如何让人兴奋，助人发达，最终致人毁灭，并摧毁土地。这是一个男性的世界，女人基本被排除在外，在这里力量——体力和财力——决定社会秩序。电影中展现了一名孤独的勘探者，他尝试一切方法，想要获得他觊觎的地位，也就是这片工业丛

---

[1] 由马修·奥扎诺在《黑金，石油的伟大历史》中引用，发现出版社，第93页

林中的巅峰。那里有一切，他狂热的财富欲望，与想要掠夺他的标准石油的对峙，还有他与人类之间的渐行渐远。在远景里，加利福尼亚州的沙漠像是一个"Meccano"金属插件玩具和一个炽热的火堆。巧的是，历史轮回，页岩气的大量开采带着同样的热度，改变了美国土地上的方方面面。

第一次石油危机前夕，盎格鲁-撒克逊大亨们控制着约70%的自由世界产量和90%中东石油产量。这片小天地由一个自立为新贵的排外小团伙领导。家庭联姻加强了工业联盟。20世纪20年代起，工业家族布什（Bush）和金融世家沃克（Walker）通过一桩奠基性的联姻，结成了具有象征性的联盟，从钢铁到银行，从银行到石油，再从石油到白宫，两家名字始终捆绑，形成第41届和第43届美国总统的完整姓氏：乔治·老布什（George Herbert Walker Bush）和乔治·小布什（George Walker Bush）。在这个帝国中心，美国最富有的洛克菲勒家族，始终使人敬服，引领强势的工业、金融和政治网络，从华尔街到华盛顿。通过交叉持股投入的资本为纽约各家银行带来财富。1960年，大通曼哈顿银行（Chase Manhattan Bank）由其第一位股东任行长，也就是王朝创立者约翰的孙子大卫·洛克菲勒（David Rockefeller）。第一花旗银行（First National City Bank）是大通银行的竞争对手，同样是处于另一位洛克菲勒兄弟的控制下①。

如果不提到科氏（Koch）家族和堪萨斯科氏工业企业（Kansas Koch Industries）的话，化石文明势力分布图还算不得齐全。这个联合企业集团的主业是石油、化工或纸业，是第二大美国非上市公司，营业额1150亿美元②。1940年时公司的共同创建者之一弗雷德·C. 科氏（Fred C. Koch）应斯大林要求开展炼油实验，开发了一套全新的石油精炼工序。作为共和主义价值观的粗暴捍卫者，作为茶党③（Tea Party）的财政部长，他们始终是企业的大股东。他们代表了化石贵族中最强大的家族之一，或许可以说是最反对气候和环境议题的家族。

没有这些美国资本的集中，黄金三十年（Trente Glorieuses）的发展不可能如此壮观。这些资本来自控制之下的石油产业，石油产业源源不断提供资金，带动了所有工业部门。如此，汽车工业的领头人，福特（Ford）、通用汽车（General Motors）、

---

① 詹姆斯·柯利耶（James Collier）、与大卫·霍洛维茨（David Horowitz），《美国王朝：洛克菲勒家族》（*Une dynastie américaine : les Rockefeller*），瑟伊出版社，1976年。

② 来源：www.bourse.lesechos.fr

③ 茶党是美国的一个政治运动，它反对规则，反对联邦政府及其税制，反对现存社会体系，属于极端自由主义的类型。来源：fr.wikipedia.org/wiki/Tea_Party

轮胎设备制造商和公共事业企业补全了化石大家族。在美国所有地方，公路交通在发展，公共电车网络被公共汽车替代，这都是在由建筑商和石油公司组成的压力集团施压之下达成的。全国城市干线（National City Lines）是一家城市交通公司，由通用汽车（General Motors）、卡车制造商麦克（Mack）、加利福尼亚州的标准石油和凡士通轮胎（Firestone）资助，目标只是摧毁电车运输网络。1951 年，美国最高法院批准了一项判决，关于共谋垄断城市交通，以助长他们自己的产品和利益①。但是似乎纵观全球也没有什么能阻止公路交通的飞跃发展。

法律、国王和慈善家的制造者

在黄金三十年期间，从 1945 年到 1973 年，石油开采达到巅峰。私人公司在石油生产国通过非常复杂精密的垄断利益集团体系称霸，又被称为"七姐妹"（Seven Sisters），它组合了英伊石油公司［Anglo-Persian Oil Company（BP）］、海湾石油（Gulf Oil）、加利福尼亚州标准石油［Standard Oil of California（SoCal）］、德士古（雪佛龙）［Texaco (Chevron)］、荷兰皇家壳牌（Royal Dutch Shell）、新泽西州标准石油（埃

---

① 《美利坚合众国对全国城市干线》，1951 年 1 月，参见 web.archive.org。

索/埃克森）[Standard Oil of New Jersey (Esso/Exxon)] 以及纽约标准石油公司索考尼（Socony），现隶属埃克森美孚（ExxonMobil）。这"七姐妹"中有五个是美国的，仅这"五姐妹"就占据了世界产量的一半[①]。在当时，石油短缺根本是不可想象的。石油大量地流。从中东遍地开花般的油田流出，一直流入大汽缸、飞机和罐车的油箱里，这珍贵的黑色液体使整个星球的机制变得流畅。石油提炼成本低且储量充足，掌握着货源的大石油公司薄利多销，将售价定得很低。生意相当挣钱。从未有过如此赚钱的产业。

这些石油大亨不存在明确统一的意识形态立场，有人是极端自由主义的歌颂者，有人是美国价值观的捍卫者，有人是自由世界的终极壁垒。他们肆无忌惮地利用本国外交和军事力量，却又表现得格外不知感恩。他们始终可以仰赖官方的无条件支持，他们享有非常优惠的税收条款，给美国税务局缴很少的税。多亏了高强度的压力集团活动，他们平均税率始终极低。他们是税制优化中的赢家。

米尔顿·弗里德曼（Milton Friedman），作为芝加哥学

[①] 安东尼·山姆森（Anthony Sampson），《七姐妹：大石油公司以及它们塑造的世界大众市场》（ *The Seven Sisters: The Great Oil Companies and The World They Shaped Mass Market* ），班坦图书公司（Bantam），1974年。

院的创建者之一，新自由主义的主要理论家，没有和华盛顿官僚同流合污，而是投入了对这个系统的批评分析中。在1967年《新闻周刊》（Newsweek）的一篇文章中，他揭露了这种虚伪："很少有美国企业像石油工业一样爱为自由企业唱赞歌，也很少有企业像石油工业一样那么依赖政府给的特权。"

很明显，美国石油交易是对外政治工具。似乎没有什么能阻拦这些公司的霸权，虽然司法部门反复尝试以反托拉斯法律判决这些垄断利益集团的绝对权力。

美国总统选择把美洲的命运统一到石油工业的轨迹上，永远以国家安全和主权的名义。从第二次世界大战起，石油巨头操纵势力网络，影响一届届美国总统的任免。富兰克林·罗斯福（Franklin Roosevelt）和林登·约翰逊（Lyndon Johnson）是石油工业的虔诚仆从。约翰·肯尼迪1963年在达拉斯（Dallas）被暗杀后，林登·约翰逊当选总统，立刻放弃肯尼迪兄弟对于石油公司过度利润的追究。理查德·尼克松（Richard Nixon）也是石油大家族的宠儿，借助他们的力量，他的事业才得以起步，他的选举活动才能获得资助。他试图从这一影响中挣脱出来，拒绝选择一位名叫乔治·小布什的年轻议员作为黑马候选人。这样的转变会被石油大亨们视为一种背叛，于是在水门丑闻时甚至都不舍得以举手之劳解救他于水火。从20世纪70年代开始，1973年诺贝尔和平奖获得者、美国外交官亨利·基辛格（Henry Kissinger），成为世界政治新秩序最具影响力的建设者，也成了美国石油王朝在中东的虔诚密使。

大通曼哈顿银行（Chase Manhattan Bank）行长大卫·洛克菲勒所支持的新自由主义理论影响了罗纳德·里根（Ronald Reagan）的八年白宫生涯。当罗纳德·里根决定给克里姆林宫致命一击时，洛克菲勒银行顾问们处在政治和金融布置第一线，于是筹划出西伯利亚燃气向西欧禁运，并用沙特石油淹没苏联外汇来源。

可是，白宫所有继任的总统里，大小布什肯定是最听命于石油势力网络的人[1]。布什家族是一个古老的王朝，富裕而强大，很久以来扎根于美国。布什家族出了两个总统，并不是因为巧合，而真的是建立于和石油工业息息相关的关系网和压力集团之上的家族战略的结果。1953年乔治·赫伯特·沃克·布什（George Herbert Walker Bush）创建他自己的石油公司扎帕塔（Zapata），得克萨斯州最好的那些工商业者都投资于这家企业，包括他自己家族的成员，其中就有他的亲生父亲——参议员普雷斯科特·布什（Prescott Bush）。普雷斯科特·布什阻止了一切对石油公司不利的立法，让扎帕塔可以

---

[1] 卡特琳娜·杜朗丹（Catherine Durandin），《布什王朝》，格朗谢出版社（Grancher），2003年。

投资于墨西哥海湾和中东,特别是科威特。

整个得克萨斯州石油圈子继而支持乔治·老布什进入众议院,在那里,他和他父亲之前一样,出台了一系列对美国石油公司有利的政策。得克萨斯州人对他投桃报李。这些石油公司为共和党做出的贡献、在他的事业进展中扮演很关键的角色,从他 1976 年领导美国中情局(CIA),到 1980 年被罗纳德·里根任命副总统,直到 1988 年当选总统入驻白宫。第一次海湾战争前夕,鹏斯公司(Pennzoil Company)——扎帕塔 1963 年并入石油集团宾夕石油(Penn Oil)起的新名字——是科威特主要的石油运营商之一。

得克萨斯州石油也将庇荫扩张到乔治·小布什的事业上,他是乔治·老布什的几个儿子之一。纵观他在 20 世纪七八十年代的整个商人生涯,或者 1994 年的得州州长生涯,他都是由石油界支持的。成功当选总统、入驻白宫的小布什拒绝批准京都协定,并将阿拉斯加开放开采石油。

自从罗斯福和沙特阿拉伯的沙特国王 1945 年在"昆西号"(Quincy)巡洋舰上会面,布什家族就趁机进驻中东,坚守那里的石油矿床,以他们特有的方式在美国政界屹立不倒。布什家族是不知疲倦的老将,在公共和政治事务的边界上有着特别高效的战略性眼光。

历史重复了,难道白宫要迎来第三个布什?约翰·埃利斯·布什(John Ellis Bush),又名杰布,是乔治·老布什的儿子，乔治·小布什的弟弟。杰布·布什宣布他拥有2016年共和党总统初选的候选人资格。时任佛罗里达州州长的杰布·布什极力淡化家族背景，努力摆脱与自身紧密绑定的政治继承人印象。沃克和布什氏族形成一个世纪之后，遗产似乎沉重得难以承受。在伊拉克战争的问题上，杰布·布什已经跌倒，没能表达出一个明确的立场，这为他招来很多批评。恐怕轮不到第三个石油继承人来管理美国。

从新教文化中发源的石油家族也是历史中最大的慈善家。洛克菲勒基金会于1913年成立，它的任务是"推动全世界的人类幸福"，这体现出超级巨大的野心，与提供资金的工业帝国所特有的称霸意愿平齐。大量诺贝尔奖获得者、学者、艺术家和知识分子都享受到了这个基金会的慷慨支持，这个基金会的光芒已经远远跨越了美国国境。有时慈善家的意图会与经济和地缘政治利益有所交汇。洛克菲勒基金会处在绿色革命的第一线，目标是通过支持一种农业开垦新模型，根除世界上的饥饿现象。在值得赞扬的意图和显露出的成果之后，有着并不那么大公无私的动机。基金会首先是一个很棒的建立威信和软实力（soft power）的工具，服务于洛克菲勒家族和自由主义的美国。

科氏兄弟境况也不赖，坐拥科氏家族基金会（Koch Family Foundations），他们对于美国的某些保守党和自由主义政治事业是一个很大的资金来源，其中包括一些如卡托研究所^①（Cato Institute）这样的智库。这家研究所旨在推广利于个人自由、政府后退、经济自由以及和平的政策。为之效力的学者们常常捍卫的是一些非常自由主义的立场，比如废除最低工资、让福利政府（État providence）和海关屏障消失、将政府从市场中撤退等。所有这些想法都是自由意志主义运动和推崇超越一切社会价值的天然权利——个人自由的政治哲学的核心。科氏兄弟还通过这个研究所资助一些被视为激进气候怀疑论的论坛和专家研究。

所有与科氏家族有关系的基金会，它们几乎独有的任务（甚至可以说是执念）就是从一切形式的干涉主义中拯救世界，并推广极端自由主义的论题。

化石贵族第一批工业、金融和政治王朝的历史，让人想起古罗马的宏伟画幅。这些新贵简直像极了古罗马历史最初时期有着支配地位的贵族阶层；他们有一样的社会繁衍和权力占有特征。在古罗马皇室，贵族构成了真正的贵族统治，它的基础是在政治、宗教和军事领域不断强化的家族力量。

---

① 卡托研究所是美国的一个"自由意志主义"（libertarien）[在法国相当于自由主义，因为"自由主义"（libéral）一词在美国已经丧失了原本的意义]智库，总部位于华盛顿。1974年最初创建时的名字是查尔斯·科氏基金会（Charles Koch Foundation），到1976年7月查尔斯·科氏基金会更名为卡托研究所。

当今社会因而也见证了一个世袭贵族的诞生，这是一套完美的寡头政治体系，权力掌握在少数人手里。贵族体系将执政政府变成了他们政治权力的来源，封闭式运作，乃至将最高职能的义务传给老执政官的直系后代。（我们忍不住想到布什家族。）其他行政官成员职位也一点点被创建起来，其中碾压的大多数是来自同样有限的圈子。执政权（帝权）本身具有一种宗教合法性，通过一场在朱庇特指引下的授爵仪式。贵族，就像皇权时代一样，支配着主要的圣职，并且自然拥有大部分的财富。

比较一下就会发现，美国几大化石家族的权力机制与贵族体系相似度惊人。化石能源的开采是一套独一无二的经济和金融生态系统的温床，在此基础上一支全球化的贵族大军繁荣起来，永远在捕食、操控和壮大自己种族的艺术上表现杰出。

在一个世纪的时间里，这个世袭阶层展示出卓越的可塑性和天才，成功获取了必要的财富，让游戏规则变得有利于己方，无论是处于何种政治制度、宗教体系和经济模型之下。

石油式生活

黑金在缔造（和颠覆）众王、为人们提供舒适生活的同时，也滋养了一个理想化的美国梦。这个美国梦以家庭为单位，以消费主义为特色，在20世纪60年代色彩鲜艳的柯达胶片中永存。柯达彩色广告灯箱上放映着巨幅幻灯片，多见于人们最常去的那些都市空间，展示出美好的青春，光彩夺目，乐观向上，充分享受着现代化的成果，表现形式极尽商业化：产品呈现形式类似故弄玄虚的直邮图录，有意隐去品名及真实属性。同时，麦迪逊大道上的一群"广告狂人"[①]（Mad Men）把所有大众消费承诺转化为让人产生欲望的物品。石油的黄金时代与广告的黄金时代重合了。

能源生产、消费和经济增长之间的关联从来没有如此紧密过。这个状况很像一幅田园画。各大公司坐拥传奇般美妙的进账，消费者甚至感觉不到他钱包里石油发票的重量。相比于提供给每个普通公民的无数机会和舒适度，这样的价格不痛不痒。在这样一个富足无忧的时代，一切看起来简单且充满可能，怎能不感到乐观？在20世纪50年代，世界经济增长白炽化：工业帝国，巨大的汽缸，大西洋这边的广阔市郊；福利国家，充足就业，5%到10%之间的经济增长率。让人眩晕。

汽车俨然成为个人自由向往、社会地位上升和消费饥渴的象征物。它在美国化石文明中占据着中心位置，成了化石文明之中现代神话的支柱，重新谱写征服与解放的史诗。

[①] 由广告人（ad men）一词引申出的文字游戏，其实这是那个时代特有的说法，指的是在纽约麦迪逊大道上工作的广告人。

这是欧洲人的梦想，不过亨利·福特（Henry Ford）将之转化为所有人都能入手的产品。汽油发动机的性能翻了十倍，多亏有了热裂化，其专利在1913年由印第安纳州标准石油公司获得。这道工序引起了年轻汽车工业的巨大变革，产生了一对坚不可摧的搭档：汽油和汽车。这对搭档能抵抗所有危机，穿越世纪，在整个星球上激发出无法熄灭的石油饥渴。在汽油发动机无人匹敌的性能加强之下，它成功阻止了1889年起经过实验的电子驱动突击和生物燃料突击[①]。同时，机动车的降临也让石油工业可以重视起石油原油裂化的副产品，并积累起巨大的利润。电动轿车必然毫无机会。

亨利·福特是全民私人交通方面的发明家之一，最著名的口号是"人人有车"，它成为整个20世纪的标志。截至1927年，超过1500万台福特T型车（Ford T）从底特律流水线上产出。仿照洛克菲勒家族的石油工业王国，亨利·福特远远没有止步于发明单一的标准化产品；他设想出一套金融结构以及一系列新颖的销售技巧，让每个人都能入手一台汽车。在1928年美国总统选举活动期间，家庭机动车装备成了一个政治筹码，准总统赫伯特·胡佛（Herbert Hoover）承诺"每

---

① 由法国的杰纳西工作室（les ateliers Jenatzy）制造的一辆电动轿车在1889年速度超越了每小时100千米的标准。

锅一只鸡,每家车库一辆车"①。

全世界都被征服了,汽车总数一直不停增长。从 1907 年的 25000 台行驶机动车,突然跃升至 1914 年的 500000 台,又在第二次世界大战前夕达到 5000 万台,然后是 1975 年的 3 亿台,直到 2007 年达到 9 亿台。2010 年打破了具有象征意味的 10 亿台大限:全球清点出 10.15 亿台机动车②!

汽车扎根于婴儿潮(baby-boom)和石油热(oil boom)那一代儿童的想象之中,变得与繁荣和个人自由密不可分。但是汽车也改造了我们的领土,改变了我们与时间和空间的关系,使用它成了一种必然。城市变成了一个虚拟、脱节的地点,因为汽车同时实现了地位、地点和社会联系的功能。面对机动车的进步,新的布景元素嵌入到这样理想化的美国大幕布之中,很好地被速写到爱德华·霍普(Edward Hopper)的画和好莱坞宏伟画幅之中。就像埃皮纳勒(Épinal)的版画,每一张都是我们被这些新的都市代码启发出的幻境与梦想的浓缩:沥青带、加油站、快餐、汽车旅馆、无边的城郊、高速公路……这个模型即将征服全球。

---

① 皮埃尔·斯苔芬尼(Pierre Stéphany),《1929 年,第一场大危机》(*1929, la première grande crise*),伊克赛尔出版社(Ixelles éditions),2009 年。

② 这个数据在 2014 年发表于财经报刊《沃兹汽车》(*WardsAuto*)

想观赏完整的"石油式生活"画卷,还必须提到一部在1978年4月2日上映、类型前所未有的极具代表性的电视剧,《达拉斯》[1](Dallas)——如果罗兰·巴特(Roland Barthes)在20世纪80年代造访得州,这部近乎神话的剧集很可能被他当成素材,记入他那部包罗万象的《神话学》[2]之中。达拉斯这座城市几乎是一个推动剧情线索的主角,突出了一个王朝里非常共和主义的价值观,总体来说和布什家族的价值观十分相像。随着14季的播出,这部电视剧围绕着金钱事务、当地风俗、政治关系和石油市场编织出一条特殊的叙事线。我们透过达拉斯中心商业区的玻璃立面所反射出的耀眼的光芒,还有距离石油帝国很远的南弗克(Southfork)的大片庄园,看到了一个胜利的得州。明信片上是无懈可击的盛世景象:农场、牛仔竞技、炮兵队;直到最俗气的片头:"达拉斯,你的冷酷世界,颂扬弱肉强食。美元和石油的家园,你看不到怜悯,左轮手枪就是你的偶像,不懂的人活该不幸。"确实!

铁幕的另一边,石油也一样是人们赖以生存的经济筹码;

---

[1]《达拉斯》从1978年到1991年在CBS频道播出。

[2] 在他的书《神话学》(*Mythologies*)(瑟伊出版社,1957年)中,罗兰·巴特借助一系列具体素材探讨了日常生活中的神话:摔跤、牛排和薯条、神父皮埃尔的肖像、爱因斯坦、塑料或新式雪铁龙。参见:www.ina.fr/video/I00016123,1957年5月29日。

因为采用了反美国模式而被妖魔化的终极对立者贪婪地渴求着能源，而且他们在能源上的作风与其他方面恰恰相反，毫不节俭。工业生产的齿轮永远在发烫。就连苏联都拜倒在汽车的魅力之下，从 1932 年起经过许可在下诺夫哥罗德（Nijni Novgorod）的高尔基汽车厂（Gorkovski Avtomobilny Zavod, GAZ）生产福特汽车。福特工地建筑师卡恩·阿尔伯特监督过苏联超过五百家工厂的设计[1]。

所以，没有宝贵的化石能源，苏联的扩张和保卫都是不可想象的。石油是不可或缺的革命催化剂，服务于苏联红军，不要忘了，第一个飞上太空的是苏联人[2]。

时代广场的巨型广告前挤满消费者，大汽缸的幸福所有者，赞扬着下诺夫哥罗德工厂里工人奉献精神的宣传海报；一切都可以用来理想化一个在化石能源的万能熔炉中无往不利的世界。铁幕的两边，无关乎经济手段和意识形态这些推动社会的东西，有着霸主地位的工业和金融帝国共享同样的

---

[1] 路易·贝尔日松（Louis Bergeron），《卡恩·阿尔伯特（1869~1942 年）》，《环球百科全书》（Encyclopædia Universalis），www.universalis.fr/encyclopedie/albert-kahn。

[2] 尤里·阿列克谢耶维奇·加加林（Youri Alekseïevitch Gagarine），出生于 1934 年 3 月 9 日，1968 年 3 月 27 日去世，是第一个实现太空飞行的人，这发生在 1961 年 4 月 12 日苏联太空项目框架下的"东方一号"（Vostok 1）任务期间。

执念：他们都有着迫切的需求，必须在他们的国境之外获得石油资源。美国人和苏联人会倾尽所有军事力量和经济实力，力求在一个变得多极化的世界里稳占先机。

化石政经新秩序

石油输出国组织（OPEC）创建于1960年石油出口的黄金时代，与非殖民化大潮交汇。原油生产过剩，石油大亨们由于利益分配不均而四分五裂，开始放手大打价格战争。从一开始，石油输出国组织（OPEC）不过是一个空壳，它聚集了伊拉克、伊朗、沙特阿拉伯、科威特和委内瑞拉。这5个国家拥有80%的原油储备，大部分被前面提到的"七姐妹"控制。

当1962年利比亚加入石油输出国组织（OPEC）时，这个体系的稳定性烟消云散。利比亚国王和石油部长选择分块拍卖石油特许权，并为小型独立公司打开市场。这个战略完全是前所未有。（在其他国家，比如沙特阿拉伯、科威特或伊拉克，石油大亨收购特许权，却并不去开采。这样的垄断状况导致了生产控制和价格居高不下。）独立石油公司因而涌向利比亚油田，在石油市场上开出比石油大亨们的定价更为诱人的价格。一道裂口首次被打开，石油输出国组织（OPEC）几十年来实现垄断控制并从中抽成的稳定体系失衡了。

这时一位名叫卡扎菲（Kadhafi）的27岁年轻军官猛冲进

这道裂口，为这场弄虚作假的游戏重新洗牌。他以 CIA 的方式在几天之内先下手为强[1]，于 1969 年废黜了伊德里斯国王（roi Idriss），并急忙要求提高石油特许权费用，让利比亚政府受益，威胁要将特许权收归国有，同时向苏联人示好。石油输出国组织（OPEC）作为一个垄断利益集团，考虑到在利比亚的业务收益较小，为避免因小失大，竟然最终选择让步。当时他们在沙特阿拉伯那边有着非常战略性的布局，不愿冒险让更大的业务受阻。

20 世纪 70 年代，历史的风轻轻地转向美国石油工业。新的国际秩序由石油输出国组织（OPEC）设立，力量的天平变得更加倾向于生产国那一边，这些生产国，除了沙特阿拉伯，为争取其自身利益一致要求总体价格上涨。石油饥渴从来没有像那一年一样强烈，新一批石油主人是那些在地下占有最多原油储量，而国内需求极弱的国家。

在这场石油新秩序的反转中，没有复杂的政治建设，只有反映在人口统计上的实质性明证。这些国家被置于一切觊觎和权力寻租的中心；对于领导人来说是实实在在的赐福，

---

[1] 约瑟夫·J.特伦托（Joseph J. Trento），《恐怖前奏曲：红色 CIA 和美国机密情报网络的遗产》（*Prelude to Terror: The Rogue CIA and the Legacy of America's Private Intelligence Network*），卡罗尔 & 格拉夫出版社（Carol & Graf），2005 年。

而对于人民来说则是绝对的诅咒。

凑近观察，两次石油危机引起价格剧烈上涨，让西方石油工业得以通过大幅度再投资近海非传统石油而持续获利，减缓衰退。亨利·基辛格[①]（Henry Kissinger）穿梭于中东各国，一些观察家对其政治游戏洞察入微，暗示石油高价对广大美国公司来说是利好消息，这些美国公司应该大举投资新基建。如此大树就能继续长高直到突破天际。

幻觉工厂

石油工业的强势之下隐藏着它在经济模型上的一个巨大内在弱点。众所周知，石油是世界经济必不可少的战略资源，而石油开采严重依赖的一系列基本环节却脆弱得惊人，充满了不透明性、不确定性、不稳定性和民主治理的缺位。化石文明是座纸城堡，幻觉与幻灭的工厂。

不透明性的统治

确实，出现在我们日常世界里最不起眼的角落里的石油，竟然不被视为一种经营范畴应当归属全体利益和民主控制的

[①] 亨利·基辛格，政治学家、美国外交官。他是理查德·尼克松和杰拉尔德·福特（Gerald Ford）的共和政府国务卿；1973年获诺贝尔和平奖。

公共财产（bien commun）。这样的想法既具破坏性又不负责任！不要求那么多，至少可以存在一个独立机构，确保储量统计的可靠性，能够在国际范围内证实石油公司和生产国提供的信息。

听起来可能很离奇，但是这样的机构不存在。没有可靠数据，首先是因为所有预告的数字都不过是估算。只能由果溯因地后天逆推，当一个矿床里的所有石油都被抽走，才可能确定地精算出里面曾经有过的储量。因此关于储量状况的信息不是全世界公民都能完全透明获取的科学数据。这些数据很敏感，不管对于石油公司还是生产国，都有着重大的商业和政治价值。在没有任何管控的情况下，不同机构发布的评估可能存在严重的分歧（有时是翻倍的差距）。

几年来，关于石油储量的论战越发激烈。这些储量有85%位于石油输出国组织（OPEC）的各成员国以及其余石油生产国境内，在那些地方获取信息很困难。在很多国家，储量只是每年由政府公布。所以这些统计数字应当被审慎对待。在那些资源仅由国有公司控制的国家，这些公司完全可以自由地想怎么公布就怎么公布，没有独立鉴定，也没有谎报的惩罚。对于那些新加入者也一样，石油输出国组织（OPEC）成员国里的储量统计会激起怀疑，因为一年又一年数字始终不变，仿佛每产出一桶油就能被新发现的一桶油补上。另一个反常的效应是，石油危机之后石油输出国组织（OPEC）设立的限额政策激励它的各大成员国高估储量，只要通过做账，就能享受到大限额。不管生产国是怎样的，储量估算都像一场说谎者的扑克牌，只是主题围绕着这个星球上最具战略性的资源。

因此轮到市场对上市的国际私人公司强制要求最低限度的透明性，这些公司必须把它们的数字上交给美国股市的宪兵——证券交易委员会（Security Exchange Commission, SEC）。因为提前受到监督，这些公司就会更加谨慎地评估它们的储量，这些储量一旦被证实，不过是世界储量中极小的一部分。实际上，五家最大的国际公司埃克森美孚、BP、壳牌、道达尔（Total）、雪佛龙·德士古（Chevron Texaco）只开采这些储备5%。2003年，英荷公司壳牌（Shell）在承认高估储量之后，被迫将其评估值下调20%（也就是50亿桶）。

作为石油公司资产负债表上的主要资产，公司市值直接与储量水平有关。尽管上市公司需要遵守的记账规则非常严格，这些公司有时还是可以高估它们的储量，来使它们的股票行情蹿升。未上市的私人公司也毫不示弱。

只有一家确切来讲非官方的独立协会。协会由一批专家（工程师、地质学家、科学家、经济学家）组成，这些专家来自15个国家，自立为评估检查员，定期发布储量清点状况的报告。这就是石油峰值研究协会（Association for the Study of Peak Oil, ASPO），这是个非营利协会，追求三个主要目标：

发布关于石油和天然气世界资源及不确定性的信息，解释资源枯竭现象的实况，研究枯竭及其后果，同时考量能源需求及其技术、经济、社会、政治各方面。协会资金由成员们分摊到个人。这些成员常常质疑很多国家发布的数字。最大的论战瞄准的是沙特阿拉伯的储量，很可能严重高估，这样显然揭穿了国有公司——沙特阿美（Saudi Aramco）的谎言。

石油峰值研究协会（ASPO）也宣称，石油生产在往后几年里会达到一个产量高峰，从那时起它将不可避免地下降。这个产量峰值的概念参考了我们前面提到的20世纪60年代时曾为美国壳牌工作过的地质学家马里恩·金·哈伯特（Marion King Hubbert）的研究。由于20世纪30年代美国领土上的开采量已经达到过一个最大值，他预测美国的石油产量会在20世纪70年代达到巅峰，正如我们前面看到的那样，而这也确实实现了。

看到石油发现在20世纪60年代达到顶峰，石油峰值研究协会（ASPO）的成员们推知世界范围内的后果，并预测到产量峰值的迫近。产量峰值还是产量平台期？考虑到不可能将独立审计带入传统石油，以及非常不为人知的最终储量评估的不确定性，预测变得很微妙。20世纪90年代，消耗掉的石油只被来自新矿床的石油填补了略微超过50%[1]，连最乐观的人都开始承认大树不会一直长到天上。伊拉克作为唯一有能力大幅度加强传统石油生产的国家出现了，但却并不足以填补石油输出国组织（OPEC）里其他国家如利比亚和阿尔及利亚已经开启的衰退进程。这些信息提供的视角很难说振奋人心。

价格操纵

石油是一种原材料，其价格遵守一些独特的法则。每桶石油在中东的生产成本只有几美元，在最难开采的区域也最多达到五六十美元。这是不是它战略性特征的一种后果？是真实的稀缺效应还是筹划出来的？行情的确定是基于阴暗的地缘政治考量，还是相反，基于更加鸡毛蒜皮的琐碎计算？很难假装石油价格是自然平衡造成的，或假装它是供应和需求单纯竞争交汇的结果。正如我们之前看到的，20世纪80年代后半叶石油价格下跌对于华盛顿那头的战略来说并不陌生，他们本就想扼住苏联经济命脉，要求沙特盟友慷慨打开原油阀门。

大部分化石能源的价格受到石油价格的影响，而石油价

---

[1] 让-皮埃尔·法威奈克（Jean-Pierre Favennec），《石油的未来》，2010年9月，参见：www.ceri-sciences-po.org。

格又服从于多重操纵。定价权陆续属于美国石油公司，然后是石油输出国组织（OPEC），最后，自从20世纪80年代末经济逐渐自由化和国内生产大规模私有化，归根结底是由市场来建立定价。

石油的现货（spot）定价方式，短期内可交付，确切来说更像伦敦同业拆放利率（LIBOR）的汇率设定，银行之间的跨银行参考利率，有时也会受到一些操纵[①]。在国际金融市场上，期货（futures）价格，也就是说石油交付的期限性合约，也要服从于资本流动，这些资本流动跟能源实体经济没多大关系，主要是关系到美国某些大型商业银行实行的投机战略。最后，说到北美的页岩气，它当然是低价倾销的对象，由美国官方或多或少隐藏起来的补贴助推。

石油行情可以由操盘手和投机者在任何一个瞬间看涨或看跌。一切皆有可能。2008年，行情在几个月内从147美元一桶跌到35美元一桶。很难预测供应和需求的变化，还有石油输出国组织（OPEC）的可能反应。不论如何，21世纪初的石油价格最常见的状态还是远远高出开采成本。

---

① LIBOR，全称伦敦同业拆放利率（London Interbank Offered Rate），是伦敦观察到的货币市场利率。它等于银行市场提供给伦敦的某一特定票据（1~12个月）和某种特定货币（欧元、英镑、美元）的利率的算术平均数。来源：http://www.lesechos.fr/finance-marches。

消费者常常惊讶于油枪里的汽油或柴油价格上涨，但石油的股市行情却正在下跌。汽油的税很重，而石油成本（石油原油成本、精炼损耗、运输和发行成本）在每升燃料价格中只占约45%。这一切导致的结果就是烃的实际经济价值与市场定价严重脱节。

如果按照售价（本该为消费者反映商品真正价值）与生产成本之间的差价来判断，该产业收益非常高。收益由国家和石油公司瓜分。理论上讲，当价格发生剧变，留给石油公司的那一部分利润涨得相对来说不太多。潜规则是，国家作为矿床的所有者，开采产生的价值大部分归国家是合理的，也就是归其国民，这是一个完美的幻觉，除了很稀有的一些特例。

化石统治的定时炸弹

在某些国家已经可以感知到退潮，比如阿尔及利亚、利比亚、沙特阿拉伯，繁荣和发展的美好承诺还剩下些什么？这些国家已经人口爆炸，国民平均年龄不到30岁；失业问题也很严重。化石红利收买到的表面上的社会和平，也渐渐无力维系。于是接下来将不可能福泽全民、平息家家户户的不满，每天都会有更多人奋起抗议。所有这些石油政体都有好几条同样的特征：它们专制、任人唯亲、官僚主义且腐败。除了石油，没有任何财富在当地产出，使这些国家一旦稍微遭遇石油的收入下降就会变得极度脆弱。在国家机器之外，这些国家没有进行激进的结构性改革，发展相应政策扶持当地工业。石油始终是这些国家唯一的地平线，在那之后似乎没有任何未来展望正在规划中。

所有国家似乎都被这个诅咒波及，不管政治划分和文化宗教参考系。如此，委内瑞拉，十五年以来政治导向明显偏左，且被石油淹没了。乌戈·查韦斯（Hugo Chávez）1999年掌权之前，石油的巨额收入几乎只能给石油公司带来利润，而这些公司只把收益的30%上缴给税务部门，整个国家被通货膨胀吞噬。查韦斯一当选，立刻坚定地对石油输出国组织（OPEC）施加影响，要求从每桶石油价格中扣税，在接下来的几年里对石油工业征税达到70%。但是重新分配石油收益给贫困人口，显然是冒着通货膨胀的危险：国内消费的提升比生产力增长更快，价格不可避免地重新上扬。几年来，匮乏、走私、资本流失成了委内瑞拉经济的疮口。实际上，在这样的封闭经济中，一切都押注在石油上，受损的是其他部门的发展，特别是工业部门。

委内瑞拉格外困难的状况既是由于它石油生产大国的地位，也是由于它要建立一个非资本主义体系的表态。石油收入不能改变任何事，因为在一片自由主义海洋上要建立社会主义孤岛，自然就会造成大规模资本流失。石油这种神赐瑰宝离开这个国家的速度和它的产出速度一样快，被留下的是因通货膨胀、资源匮乏和局势不稳而精疲力竭的国民。

情况看起来错综复杂：这个国家拥有世界上最大的石油储量。但那里的石油主要是以超重油和沥青砂的形式存在。由于该国缺乏基础设施，物流手段不够发达，导致大量石油无法开采。2014年，这个国家甚至从阿尔及利亚进口了石油！让我们从迈阿密的《新先驱报》（*El Nuevo Herald*）上引用一段，石油输出国组织（OPEC）前任主席匈贝托·卡尔德龙·贝尔蒂（Humberto Calderón Berti）的话："这个产业几乎已经完全被摧毁，我们已经失去了很大一部分的生产力。"他是委内瑞拉人，在查韦斯登台前，曾任委内瑞拉能源矿产部长。

不可能给这一部分做总结却不提到伊拉克。借助西方势力建国将近一个世纪过后，这个国家或许在这场石油诅咒悲剧之中最具象征性。作为古老文明的摇篮，巴比伦的空中花园遗产并没有剩下什么。"我爱这些天文学家的子民：迦勒底人（Chaldéens）、亚述人（Assyriens），因为向往天空，在历史中惨败[①]。"哲学家萧沆（Cioran）写道。

从今往后，在锤子和凿子的打击之下，那些千年雕像会从我们的共同遗产和记忆中消失。化石黄昏的阴影吞噬重

---

① 萧沆，《苦涩三段论》（*Les Syllogismes de l'amertume*），伽利玛出版社，1952年。

归劫掠和走私法则的炽热沙漠。摇篮变成了"魔鬼的屎①"，由它谱写这场为了最后几滴石油而展开的疯狂角逐的最终章节。

气候：化石贵族的新敌人

1988年，一声微弱的警报开始在联合国之中响起。这声警报特立独行。说实话，这不像以前那样为了反对一场冲突，也不是为了在两个好战的邻国之间准备停火，更不是为了宣布废止一场种族灭绝……联合国大会首次明确气候变化问题既特别又紧迫，包含着人类未来的重大风险。完全如此。

联合国气候变化框架公约

这条新闻没有引起很多人的震惊，几乎没人注意，但却是依托于联合国框架下漫长的研究工作，从1979年日内瓦的第一次全球气候大会时就开始了。一个全球气候学研究项目就这样被委托给世界气象组织（WMO）、联合国环境署（UNEP）和国际科联（ICSU）。1988年，联合国大会正式发出警告后，这个问题已经看起来足够令人担忧，足以创建跨

---

① 根据委内瑞拉著名政治人物、石油输出国组织（OPEC）的创建者之一佩雷斯·阿方索（Perez Alfonso）的说法，石油是"mierda del diablo""魔鬼的屎"。

政府气候变化委员会①（IPCC）并长期推动该项目。

1989年12月，在拉艾（La Haye）举行的第二次全球气候会议在最后的宣言中主张针对气候变化的国际规范展开协商。

1990年，跨政府气候变化委员会发布第一份报告，拟出总表，围绕气候变化及其可能对环境、经济和社会产生影响，进行了科学知识梳理。这份报告成为联合国气候变化框架公约的科学基础，在1992年里约热内卢召开的地球峰会上开放给各国签署。它的目标是将温室气体在大气中的浓度稳定在适当的水平上，限制住一切人类活动造成的对气候系统的危险干扰。经过50个国家认可，这份公约在1994年3月21日生效。

1995年，气候公约第一次缔约方会议（COP1）召开，温室气体（GES）排放限额原则被采纳。气候协商时代拉开帷幕。

从那一刻起，报告汇总的关于气候变化的现况和进展速度的信息开始变得越来越精准翔实，化石军团的将军们将他们的步兵派去前线，攻打新敌人！全面动员军队反对这个质疑市场法则、威胁大家赚钱的阴险敌人。

二十年过后，好战者永远摩拳擦掌。所有出席缔约方会议（COP）的政府和国家领导人，从柏林归国后，需要处理

---

① 跨政府气候变化委员会（IPCC），隶属联合国环境署（UNEP）和世界气象组织（WMO），负责对气候变暖进程进行科学跟进。

各自国内的不同压力集团的施压。这些压力集团可以在各种协商上占有相当可观的权重。其中最强势的压力集团之一就是来自那些美国大石油公司。石油压力集团很少出现在国际视野中，只会指派一些来自温和阵营的代表。他们的领导者不需要出动。他们拥有美国最高级别的当权者，美国国会、各部、白宫。当美国的协商人推进一些明确的提议，一切早已经过讨论和权衡。一切显得相当可疑。这些协商人是以谁的名义在说话？以美国人民的名义还是以石油工业的名义？

压力集团动员

在美国，石油压力集团已经在超过一个世纪的时间里占据政府核心地位。乔治·布什任总统的那些年，总统本人、副总统迪克·切尼（Dick Cheney）和国务卿康多莉扎·赖斯（Condoleezza Rice）三人都是石油工业出身。著名的压力集团首领菲利普·库尼（Philip Cooney），曾在美国石油研究所工作了超过十五年，然后在2001年受雇于白宫，负责气候学家们的科学共同体和美国总统府之间的联络。实际上，几年来，气候学家们的报告被他系统性地注入疑云，改得面目全非。很难不在该机构的"研究"里找到石油压力集团动的手脚，趁这次机会披露的一份行动计划预测"胜利将会来临，当美国公民承认一个显而易见的事实，关于气候变化存在很多疑点[①]"。

在那个年代，美国电视屏幕上定期会播出一些很容易被当成滑稽模仿的广告片。这样做的目标只有一个：在科学家们的研究中播撒疑虑，质疑二氧化碳释放到大气中的有害性。绿色二氧化碳（CO_2isgreen）作为一家"非营利协会"，愿意承担"健全的环境公共政策的科学和经济支持任务"，因此攻击将二氧化碳归类为污染物的法律，并宣称这"会损失就业"并且"在科学上没有得到证实"。美国商会（USCC, US Chamber of Commerce）继续大力散布这样的消息。美国商会是最强的全球职业组织之一，代表了300万家企业，覆盖所有规模、所有部门和美国所有地区。2006年，压力集团活动在美国商会（USCC）支持下修订了北极国家野生保护区（Arctic National Wildlife Reserve）的保护制度，并通过深海能源法案（Deep Ocean Energy Resources Act）修订了美国内陆钻井平台的保护制度。总有一天，商会希望撤回议会和总统关于化石能源蕴藏区的一切延期偿付。

问题既不在于辩论也不在于矛盾，而在于透明度的缺位，尤其涉及一批著名专家，他们的研究发表在科学期刊上，并在官方委员会之前演示。享有石油和煤炭产业大亨资助的专

---

① 参见：www.theguardian.com/environment/2005/jun/09/science.environment。

家们罔顾道德规范和职业义务，对可能妨碍其研究客观性的潜在利益冲突绝口不提。少部分专家拒绝含糊其辞，结果自身利益受损。

颇具影响力的气候学家之一帕特里克·迈克尔斯（Patrick Michaels），为前面提到过的非常自由主义的卡托研究所效力，提出的建议既激进又具决定性。他把对气候变化的恐惧评价为"假设人类不会适应的蠢人命题"！对于无力购买净化空气的国家或人口，他的回答很直接："只要贫穷国家不准备成功，他们将不会了解什么是胜利。"2011年一项细致的调查明白地揭示出他与卡托研究所之间的资金联系，他在很大程度上少报了金额[①]。

另一起案例也在2015年2月广为人知。受人尊敬的著名天体物理学家威利·孙（Willie Soon），来自哈佛-史密松天体物理中心[②]（Harvard-Smithsonian Center for Astrophysics），几年以来反复强调，是太阳引起了全球气温升高，而不是人类活动："是太阳啊，笨蛋！"而《是太阳啊，笨蛋！》正是他在2009年写的一篇颇为恶毒的文章的

---

① 参见：http://www.theguardian.com/environment/2011/jan/25/michaels-climate-sceptic-misled-congress。

② 哈佛-史密松天体物理中心，位于剑桥，是一个联邦机构，聚集来自哈佛大学和史密松研究所的300名研究人员。

标题。类似的恶毒文章还有很多。他的研究就像这样否认二氧化碳是观察到的气候变化主因，并严重质疑以灾难性的气候变化预言为借口推行（二氧化碳）上限和限额交易体系或其他导致能源生产和经济活动瘫痪的政策的合理性。孙教授频频参与会议，在科学期刊上发表文章，登上电视舞台，甚至还被请到美国国会前进行论证。他的假设成了美国国会中许多成员的论据，用来封锁对抗气候变化的创举。2015年1月，俄克拉荷马州共和党参议员詹姆斯·英霍夫[①]（James Inhofe），仍然为一批包括威利·孙在内的研究者担保："这些科学家不容驳斥[②]。"

孙教授和他所有同胞们一样，完全有站在科学家的立场上表达他的观点的自由。不过既然怀疑是一切科学方法的核心，我们也有办法找出他的软肋。步气候学家帕特里克·迈克尔斯（Patrick Michaels）之后尘，孙教授也故意不提资金来源，使他处于公认的利益冲突局面，违背了他在职业上的道德准则。由于美国信息自由法（Freedom of Information Act,

---

[①] 共和党参议员，环境与健康委员会成员，著有《最大骗局：全球变暖阴谋如何威胁你的未来》（*The Greatest Hoax: How the Global Warming Conspiracy Threatens your Future*），WND图书（WND Books），2012年。

[②] 参见：特伦斯·麦克考依（Terrence McCoy），《气候变暖否定者最爱的科学家惹火上身》，www.washingtonpost.com，2015年2月23日。

FOIA）要求各联邦机构把档案资料交给任何提出申请的人士，绿色和平（Greenpeace）组织和气候调查中心（Climate Investigations Center）成功获知孙教授科研经费的准确来源。哈佛-史密松天体物理中心（Harvard-Smithsonian Center for Astrophysics）作为一间政府机构，只能把资料交给非政府组织，这些资料泄露了威利·孙和美国石油学会（American Petroleum Institute）、德士古基金会（Texaco Foundation）、埃克森美孚基金会（ExxonMobil Foundation）以及科氏兄弟之间保持的金钱往来。根据绿色和平（Greenpeace）组织的报告，这位物理学家获得高达130万美元（110万欧元）的资助，这些资金在过去的十年里都是由工业压力集团买单[①]。

这些逸事揭示出，透过基金会，各大讲坛、由石油和煤炭公司资助的学会、被收买的专家如何主动抹黑跨政府气候变化委员会（IPCC）气候学家的科学研究。来自隐秘金库的数百万美元供养了一支非常高效的拦截战队，伏击气候变化论文。必须承认化石产业钱袋很深，看起来准备不惜一切代价保护自己的立场。用于资助这些研究的钱并不容易跟踪。这场战役在美国始终举步维艰。媒体抗议的"秀"在那里并

---

① 参见：苏珊娜·戈登伯格（Suzanne Goldenberg），《著名气候变化否定者的研究有能源产业资助——威利·孙是哈佛-史密松天体物理中心的研究员》，www.theguardian.com，2015年2月21日。

不陌生。脏话四处飞溅，你方唱罢我登场，极限是人身攻击。在法国，这场影响力的战争更加发散，但论战在科学共同体内部进行得很激烈，媒体和书籍轮流上场，尤其是在哥本哈根第15次缔约方会议的时候。

但是还能怎么办？一个人肯定要很天真才能想象西方化石贵族会乖乖上交武器，毕竟他们刚组织了一场能源扼杀，令仍在挡道的终极敌人元气大伤。凭什么放弃优势？以公共财产、对后代的爱或者环境的名义？

我们之前看到一个世纪以来美国如何建立起来，在石油之上，从石油之中。这种燃料始终是杰出的生命原液，经济和金融的黏合剂。如果我们再考虑到美国人对自由的崇拜和他们对任何形式的政治干预由衷的憎恨，我们就能更好地理解为什么气候变化成了人人喊打的妖怪，对于化石产业和依赖小型载重汽车（pick-up）、自己的领地和武器的普通美国人来说都是如此。

2011年，美国建筑师拉瑞·贝尔（Larry Bell）写下了这几行字："气候变化和环境关系不大，确切来讲它束缚住了资本主义，改变了美国人的生活方式，目的是在全球范围内进行财富再分配[1]。"因此，在大部分美国人心中，为了阻止气

---

[1] 拉瑞·贝尔，《腐败气候》（Climate of Corruption），绿叶图书集团（Greenleaf Book Group），2011年。

候变暖应该采取的措施属于社会主义范畴：提高征税、财富再分配、加强国家干涉主义。

否定的内幕

气候变化问题分歧很大。耶鲁大学社会学家们展开的研究显示出西方国家婴儿潮一代人的思想受石油充足时期的盛世景象影响之深。婴儿潮一代准确来讲是化石文明的化身，他们根本意识不到自己存在着严重的认知偏差，他们的信念往往是出于真心实意。这些并不全是无耻之徒或狂热的个人主义者，但是很多人倾向于保持某种形式的否定，以守护自己对于世界的看法。对于那些有宗教信仰的人，他们被犹太—基督教文化浸染，这一步更难跨越，因为这恰恰涉及质疑在创世这一奠基性的伟大篇章中人的地位和角色。

在那些西化的国家里，如今一直支配我们的人都是诞生于这段普罗米修斯式的黄金时代，那几年俭朴和奉献精神的光明岁月，对他们的父辈来说弥足珍贵，而可持续性的概念将扎根于他们子女一辈乃至孙辈的日常。这些人，沉迷于人类的奋斗史，在对进步的崇拜中长大，以至于将之奉为真正的信仰。如何想象这个造王的系统会是坏的？

有些美国学者，作为行为科学的专家，尝试分析不同人口类别面对气候变化时的分歧；似乎与权力、与其表象的关系占据了中心地位。

"总体来讲,白人保守党男性倾向于保护目前的工业资本主义系统,他们从这个系统中受益很多。白人保守党男性在这个经济模型中以绝对的比例优势占据着权力岗位,享受着威望、地位和尊重。考虑到气候变化给工业资本主义提出的严峻挑战,这些白人保守党男性倾向于为目前的体系辩护,因而他们否定真实现象的存在就很合理了[1]。"

不过要使这些男人——确切来讲是高加索人的类型,一个阶级森严的不平等社会里的权力拥有者与世界上的其他人,特别是与女人对立起来太简单了。女人体现出另一种跟存在、跟权力的关系。社会繁衍体系助长了这些当权男性内部建立起的权力传递,乃至彻底封锁上升通道,被排斥在外的也包括其他一些生来不幸、背景卑微的男人。所以问题不在于简单的男女对立,而在于一个封闭的男性掌权阶层享有权力行使和知识正统的先买权,践行只在特定社会阶层内选择配偶的社会内婚制,由于缺乏文化多元性,这样的结构终将威胁到他们自己的生存。

这些男人,置身平凡世界之外,精通政治和权力游戏,

---

[1] 阿伦·麦克克莱特(Aaron McCright)和莱利·邓拉普(Riley Dunlap),《酷家伙》(Cool Dudes),全球环境变化日报(Global Environmental Change Journal),第21期,第1163—1172页,本书作者英译法。

对于国民同胞们的生活方式一无所知，却永远假装在为广大国民代言。他们在不知不觉中自己也"化石化"了，正如被封在石墙里的杜蒂耶厄勒①（Dutilleul）。当他们没在对抗新创意的时候，思维枯竭的他们不再产出新创意。他们所有的能量都被动员到自己以及理想化石的生存问题上，就是基于这样几条主线："表现得就好像人类不是自然的一部分。肯定理性的同时不承认人类无节制的倾向。否定人类的相互依存关系，同时培养起一种个人独立于社会生活的信念。相信人可能做到绝对而无条件的自我认可②。"

在最后这一点上，我们这里找到了享有共和党人广泛共鸣的安·兰德（Ayn Rand）和她在那部经典著作③里提出的主张。她的哲学是"理性的利己主义"。社会不存在，利他主义是一种理性失灵，国家是一种反常，唯一重要的是个人欲望，满足它就能最终促进世界和谐。但是真正的中心命题是利己主义和利他主义之间的对立。利己主义者不关心他人的认可，只想按照自己的理想而活。利己主义者类似于创造者、行动

---

① 马塞尔·埃梅（Marcel Aymé），《穿墙记》（*Le Passe-Muraille*），1941年。

② 弗朗索瓦·弗拉奥（François Flahault），《公共财产去哪了？》（*Où est passé le bien commun？*），法亚出版社（Fayard），2011年。

③ 安·兰德（Ayn Rand），《源头》（*The Fountainhead*），1943年。

者、生产者。安·兰德的思想在欧洲不太为人所知，却是共和主义意识形态的构建轴心。

无条件相信科学进步和经济思维

最后，假设人类发起的人为排放真的是气候变化的起因，对科学进步不可动摇的信心始终是人类最优的选项。科学会发明一些东西，重新在混乱中理出秩序。显然可观的进步将会在一些仍然未知的领域里实现，但是盲目依赖由市场的隐形的手资助的科学进步，就属于痴人说梦了。怎能想象自己从一场剧烈的危机中脱身，而不重新思考人对自己选择的看待方式，也不质疑一直指引我们，却在这场戏剧化的局面中显得无效的教条？如此被动的知识分子姿态会令不带任何情感、坚持冷静理性思维的人心生困惑。

正统经济学家（压制性的大多数）也封闭在一种失效的思想和错误的世界观中。教材里传授的基本原理中包含了很多重大谬误，这并不稀奇，毕竟经济学专业尚存在一些盲区，大部分危机无法预测。然而，这些经济学家继续保持权威，他们的发言成了神谕。面对气候变化和能源过渡的必要性，他们不知所措，就像一只鸡发现了一把刀。生态经济学家赫尔曼·E. 戴利①（Herman E. Daly）曾是尼古拉斯·乔治斯库-罗根②（Nicholas Georgescu-Roegen）的学生，他写道："如果我们有真正的经济学家，我们就会停止以生产量计算的量化增长，因为生物界提供的资源并不是无限量的。很简单，也就是说应该从万物生长的角度去看增长问题③。"也就是要有意限制经济的"实体"规模，根据支持它的生态系统状况来取舍。可持续的规模意味着经济的生产量不能超过生态系统的吸收和再生能力，不然整个系统就会崩塌。其他类似的工作，比如盖尔·吉罗④（Gaël Giraud）所做的研究，也引出这样的结论："能源的角色在经济学研究和总体的经济学思想中完全被低估。"

现在迫切需要重新审视我们的生力军的培训；学院和大

---

① 赫尔曼·E.戴利（Herman E. Daly），《增长之上：可持续发展经济学》（Beyond Growth: The Economics of Sustainable Development），灯塔出版社（Beacon Press），1996年。

② 尼古拉斯·乔治斯库-罗根，原名尼古莱·乔治斯库（Nicolae Georgescu），是罗马尼亚裔美国籍数学家、非正统经济学家。

③ 在他给蒂姆·杰克森（Tim Jackson）所写的前言中，《不增长的繁荣》（Prospérité sans croissance），德布克出版社（De Boeck），"面临挑战的星球"系列（coll. « Planète en jeu »），2010年。

④ 盖尔·吉罗是经济学家、法国国家科学研究中心（CNRS）研究员，他的书《金融幻觉》（L'Illusion financière）在2014年1月由工作室出版社（éditions de l'Atelier）出版。

学有没有针对即将来临的动荡局势采取措施？我们坚持过时的教学方法，传道授业的老师们自己都无法理解这些层层嵌套的复杂挑战。科目经过分门别类。照着一个模子培养出来的精英们抵触系统性的思考，把软科学视为小儿科。到处推行的人才筛选程序都大同小异，排除了任何能产生火花的思想，克隆一个接着一个。

对以化石能源至上为基础的自由交易正统观念提出质疑似乎是不可能的。一切运行了很久的系统都看起来不可撼动，披上了刀枪不入的外衣。那么，但凡需要先行调整的内容不在我们的舒适区之内，否定必然是一种舒适的姿态。

有时，除了简单的知识分子式懒惰，不用去找更深远的理由。别忘了，对于茶党（Tea Party）来说，每年冬天都会回来就能证明气候变化只是传说。2015年2月，前面提到过的俄克拉荷马州共和党参议员詹姆斯·英霍夫（James Inhofe）在参议院里手握有人在美国生力军的地盘上搞阴谋的证据，举起一只冰冷的雪球丢到地上，以此揭穿"变暖的歇斯底里"；不少同党派人士都因为他的举动而感到尴尬。这一幕被录下来，传遍全球所有社交网络[1]。

---

[1] 菲利普·邦普（Philip Bump），《詹姆斯·英霍夫的雪球一次性彻底反驳了气候变化》（Jim Inhofe's Snowball Has Disproven Climate Change Once and for All），www.washingtonpost.com，2015年2月26日。

讨价还价的战略

战役才刚刚开始,并且,算上借助化石收益积累下的战利品,围城战会持续很久,足以让我们撞上气候壁垒一起毁灭。别弄错了,在气候变化怀疑论者和气候正义拥护者阵营之间,讲台和麦克风里此起彼伏的脏话也都不过是华而不实的表演。当全球化石势力一口咬定气候变化是个企图实现财富再分配的世界级阴谋,他们不是出于被害妄想,他们的思路非常清晰。石油公司,还有所有其他工业,显然极度关注有关气候的辩论。它们对于某些与对抗变暖有关的活动表现出兴趣,比如说排放量市场和碳收集技术。但是这些公司不指望从绿色经济中获取与它们如今从化石中所得一样的收益。它们的姿态是机会主义的。2015年9月爆出的大众汽车丑闻[①]揭示了真相。它体现出工业大亨们一心力挺旧有经济和技术模式,而不愿把智慧和资源投入到能源过渡加速上。这些企业一边准备好投资于一些新领域,另一边仗着充足的化石能源继续从前的单一经营模式。同时,这些企业假装做出一些让步,标榜社会责任感和可持续发展,有时会被公民社会抓到把柄。要记得大众汽车的骗局是被一家环境保护协会发现的。

---

① 2015年9月,大众汽车集团承认1100万辆柴油车配备了排放量测试篡改软件。美国司法部门为此展开了一场调查。

《商海通牒》(Margin Call)这部电影突出揭示了银行系统的缺陷，冰冷地展现出2008年的金融危机。一家强大的银行濒临破产，努力赶在被华尔街崩塌的恐慌风波带走之前出售它的有毒产品。这家银行的行长运筹帷幄，由杰瑞米·艾恩斯（Jeremy Irons）饰演，演得引人入胜。演员的演绎给角色带来了一种尊贵感和莎士比亚式的畸形扭曲。这位行长毫无迟疑，就像一头又大又生猛的捕食者，他的本能和胃口始终完好无损。他甚至想要东山再起："我们还可以富起来！"全世界都有这样的人物，他会渡过所有危机，对于试图将资本主义法则道德化的那些人来说是莫大的绝望，而他活下来了。简直是力量全开的邪神摩洛（Moloch）。

正如有些人能从金融危机中找到商机，而气候已经成了萌生机会的新天地，为什么不也在气候中寻找？两者彼此并不妨碍，气候变化让人可以创造出新产品和新服务。

化石产业人士做出了暧昧而理性的选择，他们一方面资助压力集团，反对跨政府气候变化委员会（IPCC）的研究，另一方面投资于可再生能源领域。其他人怎么样呢？

对于某些从事特定产业的企业来说，地球变暖代表着一个机会。这些企业毫不质疑主流经济模型，却等不及要为新一代消费者提供新服务。气候变化因而注定将在夏天打开北极的商路。保险公司将发明专门的套餐，为他们的客户预防自然灾害、火灾、洪涝或不安全风险。农业化学家们将发明能抵抗水和气候压力的种子，缓和土壤沙漠化，其他人则会发明合成食物。房地产开发商们将建起性能超高的住宅，尖端的气流交换系统将使幸福（且富有）的居住者们生活在理想的温度条件和永恒的人工太阳之下。商业会重新掀起高潮。

这些计算可以比拟漫画《幸运星卢克》（Lucky Luke）中的送葬者形象所做的事，他预感到酒馆里即将发生枪战，会激动得摩拳擦掌。看到有醉鬼吵架，送葬者不去劝架，而是像看到美食一样展开他的米尺，帮未来的死者做测量。这个带有隐喻的画面或许看起来有点走题，但是它完美地诠释了西方世界在气候变化和能源过渡问题上的主流氛围。在西方世界，我们可以看到利欲熏心的机会主义者、各显神通的骗子、激昂的传道者、无能为力的法律工作者以及被迫迁离故土的原住民。当我们所有人本该秉持着团结、一致、高效的精神努力协作时，规则却似乎是人人为己，在明显的逃避中，个人主义和利己主义回升。

然而并不是所有企业的指导方针都是野蛮生长和机会主义。远远不是这样。如果说有些企业是在通过纯粹的计算争取时间，其他企业只是贫困无力，无法长期行动，由于市场缺乏相应的司法、财务和金融规范和管制。

想象一个新的经济模型，告别我们现有的生活和生产方式，并不是一件很轻松的事。如何改变？凑近审视，我们并没有通过碳税、贷款门槛、金融市场强压或支持环保的消费者给企业施加真正的约束。让我们把事情挑明：所有人都不在乎。狂热的化石压力集团满心戒备，随时准备将任何支持碳税的轻微管制意图扼杀在萌芽之中；政治负责人被经济增长回归弄糊涂了，哪怕这些增长来自含碳经济乃至重开煤矿。消费者们对于他们的购买行为和我们关注的主题之间的关联概念很模糊；至于公民，这个命题并没有触及他们，考虑的仍是更加日常的问题，比如失业、不安全和税务压力。工具箱是空的，关于气候的会议一场接一场，大同小异，从来没有达成限制温室气体的强制性协议。一家企业，在没有严密的专一化战略的情况下，如今想要启用激进的去碳化模式，将会遭受损失，并且在面对市场和股东时处于棘手的困境。

我们所创造出的化石文明，基于资本主义的功利主义伦理，既无法理解长期，也无法理解公共财产。环境和气候不存在任何固有价值，也不依托于任何经济根底；这些问题处于我们良知的盲区，对于我们中的大部分人来说很难找到一个方向。

纯凭意志撬起能源过渡大计的举措有很多，但全都需要重新质疑起那套支配所有人生活的主流经济秩序。我们不仅依赖一个化石能源模板，还被堵死在一座文化和心理的堡垒之中，被惰性与否定囚禁。维克多·雨果（Victor Hugo）在两个世纪前曾写道："想到自然在说话而人类没有听，真是一件悲伤的事。"不管到底是什么问题引起了他的不安，启发他写下这几行字,对于年青的一代来说,如今情况更加恶劣。

在21世纪之初,我们步入花甲之年的超级英雄们变成什么样子了?他们带着一点点怀疑,意识到自己的极限和弱点,那形象看起来更像是超级神经病,在矛盾的愿望和冷酷的现实原则之间左右为难。他们强迫自己走到生活的边缘。拉康(Lacan)将神经病解释为一个人不停为一场他永远不可能踏上的旅行准备行李[①]。20世纪的人空前沉迷心理咨询,频频躺上长沙发接受精神分析治疗,人们困于严重的存在主义危机,试图解释生命的空虚。化石时代的超级力量并没有让人得到更多幸福和平静。2014年上映的电影《超凡蜘蛛侠2:电光人崛起》(*The Amazing Spider-Man, le destin d'un héros*)有着哲学的意味。不知不觉中,蜘蛛侠的叔叔受到了伏尔泰的启发:"能力越大,责任越大。"

这正是我们的化石巨头们所缺少的,他们始终是这个对长期、公共财产和伦理都很健忘的文明的主要推动者。这些人只服务于他们自己,并且和我们之前看到的一样,可以迁移到非常多样的意识形态背景之下,无论身处何地,生意就是生意。化石文明是跨越意识形态的。冷战结束后,俄罗斯等国实现了市场自由化,石油产业很好地适应了这一局面,

---

① 雅克·拉康(Jacques Lacan),《欲望及其阐释》(*Le Désir et son interprétation*),1958~1959年研讨会。

以至于从营业额和收益上来看，跃升为全球第一经济部门。到处都是石油。它成了政治权力的母体，遍布世界各地，无人匹敌。

我们以为稳定、理性、确定的真实世界正奄奄一息。在这样的世界呈现中存在着一部分梦幻，使得抛弃它变得更难。但是这场梦疯狂、致幻且歇斯底里。认识到我们病了并且应该改变，是我们的最优选择。这可能感觉像是一场漫长的哀悼，有着不同的阶段：否定、愤怒、讨价还价以及最终的接纳。我们的路还远。政治家、经济学家、宗教人士、气候学家、金融家、工业家、普通公民，一切都在一场没有结果的意识形态战斗中撕裂，这场战斗围绕着如下的问题：人类在这场气候反常中应负的责任是什么？

地质学家们，作为地球科学的大师，是否能做出决定？

第3章 人类，一股地质力量

"我是尤比克，宇宙出现之前，我就存在。我制造了太阳。我制造了世界。我创造出生灵和供之居住的地方；我运送这些生灵，安置这些生灵。这些生灵会去我希望的地方，做我吩咐的事。"

——菲利普·K. 狄克（Philip K. Dick），《尤比克》（*Ubik*）

"起源在我们面前。"

——马丁·海德格尔（Martin Heidegger），
《校长发言》（*Le discours du rectorat*）

谁能想得到，在宾夕法尼亚州或苏联巴库挖出第一口石油矿井的同时，人类不可逆转地迈入了一个新时代，全新的地质年代。然而它就是发生了！就这样，借助于化石能源开采赋予的难以置信的力量，人类实现了这卓绝的壮举，化作一股地质力量。土地的脏腑里释放出能量并爆燃，将人类向火箭一样推出全新世①（holocène），我们曾生活于这个地质年代，它的特点是在漫长的岁月里都非常稳定。

这就是我们，渺小脆弱的生灵，熟知生物界的各种力量，这些力量曾经主宰过海洋、森林和冰川的创造，物种的出现和灭绝，气候的变迁。人类登上了天地间伟大时间主宰的行列，凭着肉眼修改我们曾经以为永恒不变的平衡，在时间的标度尺上宣告一个新时代的到来——人类世（anthropocène）。

地质时间的矛盾

人类世（anthropocène）这个词对我们来说有什么意义？这个说法，确切来讲这个新词，在2008年由保罗·克鲁岑（Paul Crutzen）发明。保罗·克鲁岑是化学家兼气象工作者，1995年他因为关于臭氧层的研究获得诺贝尔奖。人类世就是把希腊文中表示"人类"和"新近"的字眼结合起来，意思是人类行动对地球系统有着决定性的影响力。人类行动的影响远远超出其他因素。选取一些人类世的显著迹象举例来说，比如自然界中碳、氮、磷、铀循环的重大变动；物种加速灭绝，生物多样性迅速遭到侵蚀；大气成分和气候能量平衡的

---

① 全新世（holocène）——"完全新近"（来自希腊文"holos / ὅλος"：完全，和"kainos / καινός"：新近）——是一个刚刚过去的长达一万年的地质年代。

改变；土壤用途的改变，特别是为实现农业转型而砍伐森林。这些与人类发展有关的事件将会在地球的漫长历史中留下可觉察的印记。

地质年代，终极主宰？

辩论是开放的，我们有没有进入这个新时代呢？虽然前面列举的种种客观迹象都指向一个结论，但人类世这个词仍然没有得到正式的科学认证。这个过程正在进行中。与此同时，每个人都能通过自己的角度来看待人类世，有时会赋予这个概念一种世界末日的预感。虽然关于地球变暖的共识目前似乎走上了正轨，但人们争论的焦点始终围绕着气候反常究竟责任归谁，以此为由迟迟不出台决定性的政策法规，同时回避一切对现有经济模式的质疑。当然，确实存在不少阻碍，但是面对太阳的光芒，面对星际化学的反复无常，我们这些可怜的人类又能做些什么？显然什么都做不了。

不过有个重量级裁判入了局，那就是地层学国际委员会（Le Comité international de stratigraphie）。

什么是地层学？这是一个地球科学学科，研究不同地质层或地层的接续，通过一种介于地球化学、古生物学、岩类学和天文学之间的综合方法。如果我们不再只关注地层，也关注它们沉积的时间，地层学标尺就变成了年代地层学标尺[1]。

在对于年这种时间单位的测量和掌握的漫长求索之中，天文学家根据一部传统日历划分了世界，随着几世纪的逐渐完善，直到被全人类通用。地质年代本身就经过了复杂而严格的划分，我们之中没有任何人能在一张厨房餐桌上修订地质年代标尺。这正是地层学国际委员会（Le Comité international de stratigraphie）的任务。这个组织定期修正5.4亿年前至今地质年代国际标尺的时间细分。

为了在极度简化的同时不吓坏懂地质学的读者，这个标尺可以比作是俄罗斯套娃。先有代（ères），代里含有纪（périodes），纪里含有世（époques），世又分成很多期（étages），期代表两个断口（coupures）之间地层标尺的基本单位。对于大众来说是一个重要又机密的话题！想象一下，我们去询问一座会说话的地质年代时钟，它回答：从年代升序来看，我们正处于新生代的第四纪的全新世。期的概念暂

---

[1] 地质年代是一个用于划分年代的系统，尤其是在地质学上，为地球历史中发生的事件推定日期。如果说它源于18世纪，那么在1913年，如今被视为地质年代之父的阿瑟·霍尔姆斯（Arthur Holmes）发表了第一份年代测定，它才拥有了精准的年代测定形式。关于这个主题可以阅读帕斯卡尔·里谢（Pascal Richet），《世界的年龄·探索时间的浩瀚》（L'Âge du monde. À la découverte de l'immensité du temps），瑟伊出版社，1999年。

且略过不表……

太棒了，但是这和我们的主题有什么关系？下面就来说明。第四纪在所有地质年代中很特别。这个时期的特点是人类出现、概念性思维和最初的工具。第一次，生物界长期受到一种单一的物种影响。这是一个基本的变革，人类面对环境有所进化，并产生责任意识。第四纪跨越了250万年前至今，包括了全新世，指的是将我们与上一个冰川期分隔开的10万年。现在的问题就是需要了解我们是否正式进入了第四纪里的一个新的世：人类世，一个更加动荡的世。

为了解决这个问题，开天辟地第一次，一支第四纪地层学委员会工作小组2014年11月聚集在柏林。我们是一个历史性时刻的同期见证者：并不是所有世代的人都能经历一场地质年代的改变。必须等待超过一万年才能看到这样的大事件发生。

更新世（pléistocène）和全新世之后，时间是不是转到人类世？如果这件事得到证实，那我们在人类世已经待了多久了？时间标尺还会进一步压缩，最多几代人，与化石文明发展交叠。这个新的世确实依赖数量有限的物理资源的加速摧毁，首当其冲的就是化石能源。一个指数函数永远终止于存量耗尽。

第四纪之前的其他纪各自持续了0.5亿~2.5亿年。更新世持续了 260 万年，全新世持续了 12000 年 [1]，而人类世有 400 年。这并不是由于我们对于新近的时期有更多信息而产生的一种透视效应。这就是所有标记了我们星球进化的物理和生物数据的速度。

地球科学和人文科学的互相渗透

参考地质年代来评价人类活动很不寻常，我们通常援引地质年代来研究板块构造、火山、大气现象或太阳活动。但是在地层学地质学家们看来，而不是只在激动的生态学战士们眼里，上一个冰川期以来最重要的现象就是逐渐被这种充满悖论的造物留下的印记，这种造物在希腊文中是"anthropos"（人类）。这既涉及沉积物又关乎感觉，或者说情感。沉积层最深处印刻下的痕迹，还有绕着地球轨道旋转的残渣，将令未来的地质学家们和考古学家们陷入困惑，惊愕于时间标尺中竟有如此激烈而前所未有的断裂标记；除却白垩纪和第三纪之交一颗陨星不幸坠落将恐龙从地球版图中清除出局令它们突然灭绝，长久以来都可算是恒定不变。

几十万年以来第一次，地质时间与人类历史的时间相融。在我们不知不觉中，几乎是风平浪静，我们缩短了时间

---

[1] 地质年代。来源：矿物地质研究办公室（Bureau de recherche géologique minière）。

的标度，从矿物无聊的千古不变到社会科学的百花齐放，一系列我们更为熟知的时期纷纷落地生根：现代、后现代、超现代、自由主义、新自由主义等。想象一下，挥手之间就从维多利亚时代长得没有尽头的日子过渡到近几年来发疯一样的紧张节奏。

从今往后如何定义我们的时代，哪些权威能够尽职尽责同时评估我们的年代以及时代氛围？要定义这场令人眩晕且不计后果的逃避，或许不再是光有自然科学和物理科学就能做到的，因为地球历史时期和人类历史时期似乎交会了，乃至融为一体。

如何解释这样的收缩？这就像菲利普·K.狄克[①]（Philip K. Dick）书中的一个人物。男人跨越一道秘密的门，进入一个时空隧道，在里面时间变得抽象。他完全感觉不到加速，开始在群星中做梦，或在月亮上打高尔夫。回来的时候，他发现地球再也不是原来的样子，形态和动向不复从前，一切都变了，包括土壤构成、烃源岩（roche mère）和大气。他体验到了前世记忆（anamnèse），字面上讲就是"遗忘的缺失"，在巨大的变化之前，怀疑将他侵蚀。我们和这个从未来返回

[①] 菲利普·K.狄克（Philip K. Dick），1928年12月16日生于伊利诺伊州芝加哥，1982年3月2日在加利福尼亚州圣安娜去世，美国人，是科幻长篇小说、中短篇小说和散文的作者。

地球的旅行者一样，通过传感器和探测器，发现我们从今往后要待在另一片土地上，以前的世界观作废了。

但是，对于这个旅行者，最值得惊愕的将是，他的同胞们化石般僵化的思想竟然一成不变，不管是人民还是他们的政府或者经济方面的领导者们。我们的机构没有变，我们的教育也没有变，而世界与人固有的基本关系发生了剧烈的颠倒。地球科学和社会科学之间永远存在一种持续的偏移和分离，互不相识，并且无视世界已经不再是一个认知客体，而是一个主体。谁来代表这个主体？米歇尔·塞尔提出了"生地"（Biogée）的概念："所以谁来保护为四分之一穷人提供食物的不会说话的鱼，比如鲤鱼？空气和水，无口无舌，谁替它们说话？谁来代表土地和火、蜜蜂和它们传粉的植物？赏给人类自恋的致命一击：我们被迫在政治关系中将世界作为第三方排除在外[①]。"

地质学家们帮助我们理解，意料之外的地球苏醒与"重回地球"毫无关系。哲学家们提醒我们，我们浮游在虚空之中，因为养育了我们的地球已经消失。从今往后，除非有所妥协，否则别想在地球着陆。

---

① 米歇尔·塞尔（Michel Serres），《危机时间》（*Le Temps des crises*），苹果树出版社（Le Pommier），2009年。

人类世的金钉子

新加入者读取时间标尺时将会很惊讶地在某些交点上找到一个小小的金钉子,就这样将不同期或不同世之间的动荡点有形化。这个小钉子,名叫金钉子(golden spike),是一个规范,代表了全球界线层型剖面和点位(global stratotype section and point, GSSP),用来表示地质时间的变化。它不是偶然种下的。目前,科学家们手上拿着虚拟的锤子,根据来自地心深处明确可测量的地质证据,自问要在哪里种下这个将全新世和人类世区隔开来的金钉子。作为对比,1885 年,正式认定全新世的金钉子种下了,宣告更新世[①]冰川期结束,记录下 12000 年前稳定高温造就的人类的定居和农业的发展。

动荡点

在哪里种下金钉子?在科学共同体中,尤其是地质学家们内部,仍然存在争议。我们也可以要求社会科学关注这个问题。这确实既涉及硬科学又涉及软科学;发展社会科学只

---

① 更新世(pléistocène,来自古希腊文 pleistos:多,和 kainos:新近)是第四纪最古老的一个地质世以及整个地质年代里的倒数第二个。它在距今 12000 年以前横跨了 260 万年。更新世的标志是最近的几次冰川期以及旧石器时代末的终止。

意识到20世纪增长（和苦难）的特殊阶段中能源的重要地位，它促进了人口爆炸和科技的飞速发展。

理论上讲，这场动荡的年代始终没有确定。是否必须追溯到新石器时代初期，约一万年，当耕作者—游牧者代替了狩猎者—采摘者？在这种情况下，全新世与人类世混为一谈。

为什么不是1492年，那时欧亚大陆作为"旧世界"与作为"新世界"的美洲大陆产生了碰撞，标志了现代的开始和在超过两万年里彼此完全毫无所知的两种人类文明的融合？这也涉及两种时间概念的互相渗透，传说的循环时间和历史的线性时间。这也是西方思想流通及称霸的开始，尤其是1519~1610年间造成土著人口在一世纪之内覆灭的第一场生物战争。

后一个年代，1610年，并不是被英国地质学家刘易斯和玛斯林①偶然选中的。按照他们的说法，新旧世界碰撞后，物种跨越了不同的大陆，所以这就是人类世的开端。他们在人文科学与硬科学的十字路口上带来了明确的地质学和环境证据。1610年因而成了一个特殊的年份：二氧化碳排放浓度突然暴跌；地理学家们进一步做出解释：欧洲在美洲新大陆的

---

① 西蒙·L.刘易斯（Simon L. Lewis）和马克·A.玛斯林（Mark A. Maslin），《定义人类世》(《Defining the Anthropocene》)，《自然》(Nature)，第519期，2015年3月12日，第171—180页。

殖民行为引起约 5000 万名土著死亡，很可能是极短期内由传染病造成的大量死亡。相应地，与养殖和农业相关的活动突然停止，让森林可以重新生长并吸收大量的二氧化碳，迹象清楚得如同陨石撞击后留下的凹坑，便于测量。

支持者最多的定位点在 18 世纪末到现代工业革命伊始之间。工业革命提供了更多技术手段，令人口实现爆炸式增长，人类进一步改造大自然。那么什么才是这个时期的地质学、生物学和时间标记呢？是前面提到的鲸鱼过度捕杀的结束？这似乎不是很严谨。是二氧化碳排放量的规律增长？这趋势不可否认，但是似乎很难准确标记时间。

或许 1945 年看起来合适多了。第二次世界大战遇见原子弹和整个星球上的化石统治扩张的开始。我们从这个时期开始产生废料（并且每天都在产生），塑料、合成材料，更别提放射性废料，它们使地质年代开始恶化；这些废料构成了一次迅猛断裂的明确证据。让我们进一步拓展：1945 年 7 月 16 日美国新墨西哥州的沙漠里第一颗原子弹爆炸，以及广岛和长崎发生的狂轰滥炸，都清楚地标志着与之前时期的断裂。金钉子很可能被种在这个确定的时间点，放射性材料的散播毫无疑问要归罪于人类的疯狂，标示人类世的起点。

好了，最后一个假设：1950 年将是人类世的起始点，它可能与"大加速"的开始相交。这是威尔·施台芬[①]（Will Steffen）在论文中所主张的观点，它涉及21世纪初成形的一个新概念，强调人类活动给地球带来的影响越来越深重。研究团队表明，这个进程从上世纪中期开始超速运行，人口统计和社会经济领域都呈现出飞跃式的加速，这都可以从互相关联的诸多事项的增长曲线中看出来，不是线性增长，而是指数增长：人口、国内生产总值、投资、一级能源、城市化、肥料、用水、大坝、旅游业、造纸、交通、电信。

建设性的做法围绕着两组指数，以曲线的形式体现。第一组指数描绘的是，从1750年到2010年，世界上那些大的"社会经济走势"。第二组指数再现了"地球系统的走势"：温室气体、平流层臭氧、气温升高、海洋酸化、森林砍伐、生物多样性削弱、人为改造土壤……大部分观察到的指数显示，从20世纪50年代起，曲线飞速攀升。

这个大加速与化石文明的黄金时代刚好相交。

[①] 威尔·施台芬，《人类世的轨道：大加速》（《The Trajectory of the Anthropocene: The Great Acceleration》）《人类世杂志》（The Anthropocene Review），2015年1月6日，文章共同著作者：温迪·布罗德盖特、丽莎·朵伊驰、欧文·加夫尼和科奈拉·路德维希。

唤醒良知

讽刺是惊人的。全世界的化石保守党,与他们的特权捆绑,顶风抵抗一切形式的变革,因而很可能就是他们养育了人类世!完全如此。尽管他们费尽一切努力缩小人类在气候变化中应付的责任,他们这样应该助长了地质年代史中最大的加速。否定和完成的功勋一样令人眩晕:在地下花了好几亿年才生成的化石燃料,在不到两个世纪的时间里就被开采得精光,同时诞下了一个文明和一个地质年代。

然而为什么定义人类世的时间是有用的?这个钉子可以被视为一种终极和平的仲裁,来终止徒劳的意识形态争吵。这些争吵动摇了我们,污染了关于能源过渡的讨论,而能源过渡才是我们未来的生命之轴。最后让我们跨越"守旧派"与"进步派"之间的鸿沟。"守旧派"指望重回旧地盘,重夺旧身份;"进步派"则脱离现实,将全部希望寄托于旧有发展模式的无限延长。问题是,当"进步派"大力否认人类对环境的改造力,最终自己也变成了守旧派。这就是这场没有结果的针锋相对的荒诞之源。如果人类变成了一股地质力量,正如硬科学和软科学共同体所论证的,那么是时候让我们中的每个人负起各自应负的责任,各显神通,让人类的探险能在尽可能好的条件下延续。

一旦人类世的钉子在地层学纪年标尺中正式种下,我们会不会去体面地庆祝这一事件？是否必须为此高兴或担忧？考虑到时间的极度加速，我们将会冒着以陨星的速度穿越人类世的危险。一经承认，立刻被时间之神柯罗诺斯（Chronos）的超速运行吞噬。对于下一世来说，该吸取怎样的教训？

下一世

进入一个新时代的人类，是否注定要永不停止地超速运行？接下来的五十年是否会带来大拆分——在经济发展和对地球系统的冲击之间——或者大崩塌？大加速降临后一百年内，我们肯定会知道大致的答案。与此同时，我们可以发出一些假设，虽然不过是我们内心焦虑和向往的投射。

很少有人会自发选择回到新石器时期的狩猎者—采摘者状态，尤其是看过那些令人获益匪浅的英国真人实境秀节目后。节目中可以看到自己的同代人穿上带血的兽皮，吃着仍然微温的生肉。不，当然不。但也很少有人会选择一个隔绝自然的人造世界，那里污染肆虐，人口过剩，一切形式的团结，乃至灵性，都会消失。

个体选择和集体选择之间的二元对立是很惊人的。"疯狂在个体身上很少见；却是组织、党派、民众、时代的准则"。弗里德里希·尼采（Friedrich Nietzsche）说。我们将一路下坡坠入新时代，这主要是由集体放弃造成的，它是全人类利己主义的总合，而不是什么明智的选择。

两种痴人说梦之间

仗着对无知者的纵容,我们可以试着修补一个新的年代标尺,并怀着幽默和谦卑,大胆提出一些建议。

不管我们是要转向怎样的新故事,用以描述的词语永远可以受到我们基础语言的启发。找一个来自古希腊文或拉丁文(绝迹的语言在思考地质年代单位的问题上显得格外管用)的偏爱的词,或者为何不来个德文(它始终是哲学的语言)。别忘了加上与我们所在的新生代相关的后缀"cène"。我们要去向哪边?朝向重负抑或神恩[1]?

人类,尽管成了地质力量,仍是一个渺小的陈旧造物,面对压力和情绪,大脑永远以原始模式运作。在令人眩晕的深渊之前,人类神圣化了新一批偶像,朝着这些偶像迸发,人类转入了不确定且困惑的时间。面对空泛的政治语言,我们转向了小说家,他们对着我们的耳朵低语"又一个很久很久以前",这通常打开了再赴高潮的叙事大门,痴人说梦的力量滋养我们的想象,平息我们的焦虑。

两种痴人说梦狭路相逢,更多关乎信念而非理性。

第一种主流的痴人说梦观点可以算是化石思潮的爱子。

---

[1] 借用哲学家西蒙娜·韦伊(Simone Weil)的书《重负与神恩》(*La Pesanteur et la grâce*)的标题。

科技进步将拯救我们。为了简单说明，我们可以用两句话说完这个故事："人类，几乎用光了地球上的所有资源之后，发明了一个人造宇宙，科技和物理特性天下无敌，保护人类永远不受自然力量侵害。"

在这个故事中，我们做出了分离的最终选择，变成了一个脱离土壤的物种，被全能的幻觉绑架。欢迎成为转生人[①]。在这样的情况下，即将来临的时代可能是分离的时代，从古希腊文"diaeresis /διαίρεσις"（分开，分离）变过来，就是"分离世"（dieresecène）；或者还可以是超人世（übermenschcène），参考德国哲学家弗里德里希·尼采的超人；或者超人类世（transanthropocène），参考表示人类向后人类过渡的转人类（transhumains）的说法，它介于人类与后人类之间，在21世纪初完成了漂亮的突破（尽管我们电脑上的拼写检查完全不知道有这回事）。

第二种痴人说梦观点从某种意义上来讲是化石思潮的逆子。增长倒退会拯救我们。"人类用光了我们的地母盖亚（Gaïa）慷慨赠予的全部资源，觉得受够了，选择活在俭朴和匮乏中，恢复了有生者的自然循环。"

---

① 让·迪迪耶·文森（Jean-Didier Vincent）和詹妮薇芙·费罗那（Geneviève Férone），《欢迎成为转人类》（*Bienvenue en Transhumanie*），格拉塞出版社（Grasset），2011年。

很难想象强制令增长倒退，我们人那么多，在一个这么短的时间窗口里。尤其是很难通过全局化的政治项目，建立起一种个人化的方法，乃至一条通往"轻便事物[①]"的内在道路。并不是全人类都经受得起亨利·戴维·梭罗（Henry David Thoreau）的修炼，变得节俭："人割舍欲望才能变得富有[②]。"

因此那将是一个与自然和解、回归本源的时代，自然世（phusicène），灵感来自古希腊文"phusis /φύσις"（自然），传递了一个尽可能延伸到最大维度的自然的概念：存在过、即将存在的全部。我们将成为高度文明化的存在，提前向我们因最低生活必需而准备砍伐的树木请求原谅，继而被判为异端，被革命派绿色政治警察消灭。

大步跳进未知

还可以存在第三条路，在这条路里我们会动用我们的智慧，通过各种形式，与活着的所有其他物种和解，放弃我们

[①] 蒂埃里·卡扎赞（Thierry Kazazian），《轻便事物的时代将来临》（*Il y aura le temps des choses légères*），胜利出版社（Victoires Éditions），2003年。

[②] 亨利·戴维·梭罗（Henry David Thoreau），《瓦尔登湖——林中生活》（*Walden ou la Vie dans les bois*），伽利玛出版社，2004年。亨利·戴维·梭罗是一名美国散文家、哲学家、自然主义爱好者、诗人，1817年7月12日生于康科德，1862年5月6日在康科德去世。

捕食和支配的本能。这条路被埃德加·莫兰[1]（Edgar Morin）称为"变形"，或许将是我们能够期望的最好的选择；然而看起来还是比前面的路可能性更小，因为这需要一个先决条件：一个加速的基因变异，好让人类拥有人性。

那么就要让人文科学来具体告诉我们人性是从哪里开始的，或许再种下一颗虚拟的钉子，标记这良知的唤醒。在《天根》[2]（Les Racines du ciel）一书中，一个名叫莫雷尔（Morel）的人物大喊："必须要专门的注射剂或药片。总有一天我们会找到它。我一直是一个自信的小伙儿。我相信进步。一定会有人出售人性的药片。我们每天早上吃一片，才能去接触其他人。"

我们经历了现代、人文主义时代、古典学时代，但我们始终没有进入过人性时代。我们的物质财富真的会让我们变得更幸福吗？要回答这个问题很难，甚至不可能。不过似乎超过了某个门槛之后，财富的积累不再能进一步改善我们的生活条件，甚至会使之严重下滑。"更多"并不是"更好"的近义词。在什么都没有的人看来，这样的说法或许并不是很令人信服。

---

[1] 埃德加·莫兰，1921年7月8日生于巴黎，法国社会学家、哲学家。
[2] 罗曼·加里（Romain Gary），《天根》，伽利玛出版社，1956年。

安德烈·高兹[①]（André Gorz）在20世纪70年代时论证了"工具的逆生产门槛"（le seuil de contre-productivité des outils）：超过一定的门槛，在工具配备上，人类就变成自己技术的奴隶。人类操纵技术的同时技术也在操纵人类。正如人类操纵增长，增长也在操纵人类。所以限制物质增长并不等于放弃进步的想法，确切来说是不要把这个概念退化为财富的强迫消费和技术的过度开发。一个平静下来的普罗米修斯形象终于可以重见天日。

最可能的情况，就是瓦解，这属于比较理性的观点。在这种情况下，唯一体面的出路将是集体遗忘，这是最后一道壁垒，对抗一场不可能的哀悼，我们或许已经放弃的人性与美的哀悼。我们会孕育一代僵尸，浮游于由毒品和商业中心组成的将人幼稚化的天空。未来的地质学家们，假设世界上一直会有地质学家存在，将在我们变成化石的骨肉中找到残留的巴比妥，看到一个时代变迁不可辩驳的明证。这可能很像某种形式的集体自杀。

不过还会存在一个侮辱性的历史出口：谋杀。英国历史学家阿诺德·汤因比（Arnold Toynbee）写过："文明死于自杀，

[①] 安德烈·高兹（1923~2007年）是一位瑞士哲学家。

而不死于谋杀①。"我们可能是第一个对全体同胞、全部造物乃至对我们自己犯下谋杀罪行的文明。

我们飞速进入一个全新的地质年代,这刚好与化石能源的黄金时代重合。这基于无限增长神话的文明,要靠化石能源来持续推动。如何想象沿着同一条大路继续走下去而不冲向深渊?

是时候恢复自知之明。退化到依赖和极度脆弱状态的我们,再也没有什么可以失去。试着来一场大逃亡。"真正的希望在于知晓事态尚存不确定性②"。存在很多可能的选项。让我们翘首以盼,人类世之后地质年代的金钉子重合的时间里,我们能变得有人性,起码多点责任心。

---

① 阿诺德·汤因比(Amold Toynbee),《历史研究》(*A Study of History*),牛津大学出版社(Oxford University Press),12册,1937~1961年。

② 埃德加·莫兰(Edgar Morin),《道路.为了人类未来》(*La voie. Pour l'avenir de l'humanité*),法亚出版社(Fayard),2011年。

第 4 章　责任的时代

"我们不会战胜造物主和科技本位的诱惑，除非我们重建一份与世界的美学关系，除非我们使用科技不是为了检查我们之外的自然，而是为了实现我们自己的自然。"

——马丁·海德格尔（Martin Heidegger），1958 年

2015 年 1 月 17 日，在经济和国际问题上都具有参考价值的英国周刊《经济学人》(*The Economist*)，封面上展示出一座由很多石油桶堆成的金字塔，一个人侧对镜头踏着油桶飞奔而下。标题朝我们呼喊"抓住机会"，紧接着的评论表明这是"我们这一代人唯一的机会"，呼吁我们趁此机会彻底改变能源系统，告别恶劣消费习惯。

从一切可能性来看，我们确实都处于很糟糕的状况之下，注定迎来一场气候变暖，到本世纪末气温至少会升高 2℃。这空洞的理论数据是所有气候协商的核心。我们脚下有着足够的化石能源以供燃烧，引爆气候炸弹，但是没有任何一方政

治权力明确要在国际范围内阻止这一乱象。

尽管形势的评定令人不安,但所有形势汇总起来,要求各方投入能源政策的重制:清洁能源方面的显著进展、能源效率项目、石油和煤气价格(进一步)走低。重新斟酌批给化石能源的几十亿美元补贴并且通过征收碳税颠覆这一逻辑的时机来临了。与此同时,还有可能考虑一个未来,那时所仰赖的能源更清洁,当然也更便宜,并且不那么容易滋长不透明的经济流通。

至于电力生产,新技术有助于优化能耗,同时降低成本,这就引入了一个新视角:挑战不再是不惜一切代价生产能源,而是以新方法充分利用回收的资源。如果对匮乏和节流的恐惧消失,对于完全依赖能源主权的那些国家来说,选项将会不同。他们遵照"一鸟在手胜过二鸟在林"的老格言,执着于财源滚滚来的现状,所以会选择优先投资给含碳的基础结构,而不是在可再生能源上赌明天。无声无息就能实现战略颠倒。

凭着所有这些原因,应该清楚地认识到,一缕乐观主义的轻风正在吹拂,穿过我们面前打开的那扇窗。不过,虽然开着,也并不会开很久。

这有利的结合构成了一个重要的机会,来终止我们自相矛盾的自杀式能源政策。只剩下说服我们的政府,尤其是仍然万能的化石工业大亨们,将这历史时机的窗口转化为雄心壮志且可以被接纳的政治项目：一个新的马歇尔计划（plan Marshall），名为"能源、繁荣和世界和平"。有些人可能会觉得这是难以忍受的蠢话。无所谓，我们正面临选择障碍。

别忘了化石产业模型及其拥护者们的爆发式成功很大程度上源于殖民者征服美洲新大陆时抢占的生态资源先机。这一模型所到之处生灵涂炭，如今正在自行崩塌，成了自己盲目逻辑的受害者。能够让化石产业模型续命的"生态材料"所剩无几，而它所需的"人力材料"则由于大量抗议运动的兴起，在司法和金融上对它造成威胁。

问题是，很不幸，化石能源仍然多到足以使气候爆炸。气候是我们所有人的公共财产。一切都显示，受到牵连的工业机构准备好斥巨资守住己方优势。为了期待有人赞同这个新视角，最好体现出实用主义，并让新的经济乐土在工业领域里闪闪发光，这是风险更小、争议更少的乐土。价值观革命还要等等，起码一开始是这样。把希望寄托于大规模公民动员似乎与我们拥有的时间不相容。必须快速行动并借助于一切我们力所能及的杠杆。首要问题是摆脱化石能源，然后是从这可怕的陷阱中吸取教训，并严肃地思考重新制定一个文明的方案。较好的推进方式之一就是利用金融、社会和经济这三重约束，减少化石能源抢占的空间，不管是在华尔街、日常的大街小巷，还是在各大油田。

共同分担责任的时刻来临了。我们严格来讲没有什么可以失去。准备好一场逃离是一件严肃的事，有哪些不同的可能剧本和让我们成功的最佳选项？

气候和能源挑战：政治消极的 25 年

摆脱化石能源并在本世纪末将气候变暖限制在 2℃左右，这或许是最具结构性，对于各国社会及其政治代表们来说，也最难接受的挑战。问题不在于攻克技术难关，让我们可以着手大转弯的技术和多重选择已经存在，并且存在了很长一段时间。紧要问题是启动一系列新杠杆，重新定位我们的能源模型，关注点有二：一是用一切手段鼓励去碳化能源的生产，保障一个能够确保社会凝聚力的经济模型；二是国家作为唯一能在国际场景里起到定位、规管和控制的单位，而它可以支配的司法工具和外交游戏规则似乎面对这些挑战显得过时。在外交场景之外，国内层面还有一些非常具体的行动已经可以实行起来。这些都需要政治勇气。

气候变暖的沸腾上限

2009 年 12 月哥本哈根国际会议（第 15 次缔约方会议）以来，一些国家承诺实现目标，保证地球表面平均变暖不超过 2℃。这个数字，当时大众都不了解，在几周内成了象征性的马奇诺防线，将我们与一场不可控的气候剧变隔开。这个计算不是像一只兔子那样从魔术师的帽子里凭空冒出来，而是源自很多科学家的提案。第一个提案可以追溯到 1995 年，旨在量化 1992 年气候公约里评定的"危险气候变化"。它还回应了政府的明确要求，给出了一个简单的目标。所以 2℃ 对应的是温室气体在大气中的浓度差额，并且可以转化为排放量目标。

虽然这个指标不含有任何强制性，它设立了唯一的有数字的目标，可以作为国际参考，告诉我们变暖"可接受范围"不能超过的上限。它绝不是一个担保，不是说地球上任何地方只要符合 2℃ 指标就能活得很好。这个限制是理论性乃至象征性的，让跨政府气候变化委员会（IPCC）可以在之前的报告[1]中制定多种温室气体排放设想，并描绘一条路线，原则上保证升温不超过 2℃。

认真检查让这个设想实现所需要的条件，质疑这个数字的中肯度是合理的。它还符合现实吗？为免陷入过于深奥的证明，让我们一起谈谈问题中的几个要素。

设想一个理论化的状况，在这种状况下二氧化碳将是唯一人为产生的温室气体，2013 年跨政府气候变化委员会（IPCC）估计总体上最多可排放 36700 亿吨二氧化碳，才有机

---

[1] 2014 年跨政府气候变化委员会（IPCC）圆满完成第五份评估报告，它分为好几个部分（科学元素、后果、适应性和脆弱性、气候变化的缓和）；参见：www.ipcc.ch/home_languages_main_french.shtml。

会将升温保持在 2℃ 上限之内，要知道现在的气温相较工业革命前的水平已经升高了 0.8℃。

不幸的是，排放量在 19 世纪末已经开始大幅增长，我们已经排放了约 19000 亿吨二氧化碳。此外，对气候变暖有影响的很多种其他物质也被排放出来，进一步将我们的基数缩减到 29000 亿吨二氧化碳。

留下不到 1 万亿吨二氧化碳可以排放……根据全球碳计划[1]（Global Carbon Project）的说法，如果排放量继续按照目前的速度（约每年 300 亿吨），余额将在约 30 年里被用光。要知道石油、煤炭和燃气如今一直占据我们一级能源产量 80%。

国际能源署（IEA）在一份关于到 2040 年世界能源消耗的报告中宣称，全球能源需求会升高 37%，这将引起 2040 年一到就消耗 1 万亿吨"预算"，实现全球碳计划（Global Carbon Project）的预测。2℃ 的升温会在 2040 年达到，这让国际能源署因此预测 2100 年前气温会升高 3.6℃。

若不做出实际的努力，有很大风险看到地球在 2050 年前升温超过 2℃，甚至在 2100 年前升温 4℃。

除非是彻头彻尾的乐观主义者，我们应该了解地球升温

---

[1] 全球碳计划（GCP）是一个创建于2001年的组织，旨在量化温室气体排放量，研究碳循环。全球碳计划的合作者是国际科学共同体。

将超过这个 2℃ 的上限；虽然要承认既成事实，也绝对不是说干脆放弃就好。相反，自知之明才是我们最好的武器。

化石能源，从充足到放弃

饱受争议的"石油峰值"话题，让我们警惕起在很近的未来化石资源将不可避免地枯竭。这个话题被提出很久之后，至少很难理解这个悖论：我们明白，在气候变暖的危险之前，我们有太多化石能源可供支配。不过这个石油峰值是很真实的。尽管在这个问题上很难获得可靠的信息，正如我们前面所见，但其实有些国家已经超过峰值。它更像一个起伏的曲线，而不是一个巅峰。实际上，这个系统的运作就像一道传送带。"这里，您看到了吧，必须尽快跑才能留在原地"，《爱丽丝梦游仙境①》一书中的红皇后说道。为了面对已进入衰退期的石油油田枯竭的问题，黑金工业必须不停生产新能源。根据壳牌石油企业的说法②，必须在短短十年内再找四个与沙特阿拉伯相当的地方，意思是等同于目前世界总产量的一半，这确实很可怕。

虽然石油似乎越来越难找，也越来越难炼，但别忘了化

---

① 刘易斯·卡罗尔，《爱丽丝梦游仙境》，1865 年。
② 埃德·克鲁克斯（Ed Crooks），"壳牌领导者警告……波动"，《金融时代》(Financial Times)，2011 年 9 月 21 日。

石燃料还包括煤炭和天然气，它们仍然很充足。有人会觉得资源枯竭如果来得足够及时，可能在气候威胁激化时救我们于水火。这并不会发生。虽说充足这个词的意义是相对的，但它可以帮助我们意识到，可支配化石能源储量才是有实际后果的唯一威胁，为了对抗这一威胁，我们每个人都要立刻行动起来。

于是我们看到了问题的核心与症结所在：必须下决心把已知的很大一部分煤炭、燃气和石油储量留在地下，不去开采，同时全方位大力推进可再生能源开发、能源效率以及二氧化碳收集和囤积项目。了不起的路线图，要知道迄今为止，粗略计算，1欧元投资于可再生能源，就有4欧元投资于化石部门。形势相当严峻，为了守住希望，将气候变暖控制在2℃以内，必须立刻翻过化石能源这一页。我们的未来取决于决策者们是否决定在本世纪末来临前烧掉所有化石储量。但这是否仍在政治行动管辖范围内呢？

在所有智者心中浮现出一个大问题：谁来决定，并且往什么方向去？

反转补贴并发起碳税

政治领导者们通过在气候协商框架内引入新的强制性游戏规则，对化石投资收益来说是否真的代表着一个现实的威胁？迄今为止，这个威胁似乎都被高估了。

真正的转机和我们最优的选项取决于两项改革，它们既激进又具有结构性，很久以来本该由各国在本国主权行使的框架内实行：一是彻底废除一切化石能源生产和消耗相关补贴，二是设立碳税。不幸的是，大多数国家在困难面前止步了。还有什么例子比法国的国内生态税更典型？在议会通过投票，却在短期妥协的祭坛上牺牲了，既没有一点抵抗，也没有任何教育的努力。

在国际层面上，2015年，各国批准5.3万亿美元[①]的总额用于不同的目的，其中化石能源（煤炭、石油和天然气）开采企业每天享有145亿美元补贴。此举一方面要将能源价格控制在贫穷国家及地区的社会各阶层可接受范围内，另一方面也是为了鼓励新矿床的勘探。这套补贴制度实行了几十年，在很大程度上促成了相当于1980—2010年间总排放量36%的超额消耗；如果这比率来个反转，几十年来的能源消耗量比标准量低36%，人们或许还来得及一边让可再生能源发展普及，一边逐步告别化石能源。在2015年共计发放的5.3万亿美元补贴中，化石能源部门所占比例比地球上所有国家和地区的全部公共卫生项目还多。

[①] 根据国际货币基金组织（IMF）题为《能源补贴总额有多大？》（How Large Are Global Energy Subsidies？）的报告，2015年5月18日。拟稿人：大卫·科迪、伊恩·派瑞、路易斯·西尔斯和尚保平（音译）。

像印度和印度尼西亚这样的国家已经开始大幅削减这些补贴,将资金转入卫生和教育领域。很少有国家效仿此道,尤其不会是发展中的石油生产国,它们会批准最慷慨的补贴;石油在委内瑞拉几乎不花成本,这个国家正濒临破产。

最富裕的那些国家继续支持石油和燃气的开采和生产,靠纳税人付钱,而纳税人面对这些前后不一致的决策,本可要求重新分配这笔钱。这个补贴系统是有害的,因为它通过抵押我们的气候未来维持一种舒服的幻觉。在选举制裁和某些职业类别的社会暴动(想想我们英勇的布列塔尼红帽子们放的火)之外,我们的政府永远在假借社会和经济公正之名为他们的不作为辩护,号称要保护第一批遭受威胁的脆弱家庭,这些家庭会受到双重损失,一是就业不稳定,二是能源不稳定。准确来讲,目前的石油和燃气价格下跌可以重新启动能源过渡,透过促进能源节约的角度,对抗价格波动,特别是将税收定位成支持未来可以创造财富的部门。

对碳征税。"正统"大机构里越来越多的专家在一点上达成一致:气候计划成功的基本条件要设立有效的碳价制度。据国际货币基金组织(IMF)、经济合作与发展组织(OECD)和世界银行还有跨政府气候变化委员会(IPCC)估计,若没有全球定价体系的快速设立,那将不可能阻止地球变暖相较工业革命前水平超过2℃。

这种通过税收定价的制度会给消费者和生产者传达一个

清楚的信号，激励他们转向清洁能源。所以引入这套定价制度的目标首先是促进更少"吃能源"的活动、服务或产品，在能源消耗高的地区、城市周边区域或某些工业中鼓励节约。环保税是一种在启动能源过渡上比补贴风能和核能发电站更加有效的手段。2009年，丹麦、芬兰、挪威、瑞典等国和加拿大的不列颠哥伦比亚省采用了碳税的形式，有的是部分采用。

一切的税本质上都不得人心，碳税也不例外。接纳的关键在于教育，必须有教育强制伴随这样的政策，坚持有必要再分配的主张。目标不是发起一个额外的税，而是重新分配税收，加速化石能源的退出。似乎环保文化较强且政治成熟度较高的国家更容易做到这一点。因此，瑞典计划减税，税率是降低了，但能促进这种税的社会接受度。

这些改革可能看起来雄心勃勃，但却并非不可能实行，只要燃气和石油的价钱持续走低。

只剩下一个重大障碍需要克服：投票给一个拥有足够决心和勇气的政府，在民众的怒火和随时准备好背水一战的化石压力集团大军的施压前稳住阵脚。

气候协商的僵局和天使传说的终结

对抗气候变化的战斗是一个冷门问题，尽管大众传媒的共振箱随着每次新气候会议的迫近都能扩大。政客无力进行长期规划和公共财产治理,他们被经济和金融势力挟持,困在自己的选举计划之中;这场战斗尤其不能单纯依靠动员最积极投身于其中的公民。这些气候协商充满绝望,无力改变现状,就像暗影笼罩下悲伤的巡回马戏团表演。至今都是如此。

在气候变化面前,不是各国平等。如果以为全球政治阶层能够带着同样程度的投入度和对挑战的理解专注于这个主题,那就真的想错了。至今,只存在一个国际协定——《京都议定书》,它是基于联合国气候变化框架公约。这份协定在2005年经过167个国家认可,其中不包括美国,协定出台了一系列依法强制性目标,以及工业化国家减少温室气体排放的期限。它的进展对于未来的协议来说将是一个关键点。

2009年12月在哥本哈根召开的第15次缔约方会议对于各国谈判者以及从世界各地赶来支持的协会、地方团体代表来说就像经历了一场噩梦。挑战很重大:得出有明确数字的强制减排目标,尤其是要那些温室气体排放大国作出目标承诺。这是第一次气候变化通过这么多媒体转播,影响全球公共舆论;媒体永恒地记录下难得亲自到场的各国领导人的讨论。目光尤其交会在巴拉克·奥巴马(Barack Obama)身上,他被误认为气候的救星,有能力将自由世界推上全球共识的轨道。这套刻板印象的新装对他来说大得没法穿,但其他人也同样难以达到外界的期望。

雷声大雨点小。这次会议没有得出任何结果，它注定失败。不过这次会议还是具有非常正面的意义，国际共同体成长了，变得更成熟，人们意识到我们的得救无法仰赖于某个单一政治领袖，不管他再自信，再有领袖魅力。借用贝托尔特·布莱希特（Bertolt Brecht）在《伽利略传》（*La Vie de Galilée*）中的名句，我们可以改写成："需要英雄的人民是不幸的。"面对极端复杂的挑战和各方阵营的牵制，没有一个领袖是万能的。不会有气候界的丘吉尔、甘地或曼德拉。在哥本哈根，所有政治大人物都愿意上镜，但没有一个愿意为气候牺牲自己国家的短期经济增长，因为这样会在接下来的国内选举中败北。

看起来很明显，没有公民的紧密拥护，任何东西都建不牢。不过2009年还是太早了。公共舆论处于（并且始终保持着）很多变的状态：准备好为一头失去冰山的熊而感动，却群情激奋地抵制碳税。最有代表性的例子是，在会议结束的星期五，法国电视2台新闻报道了圣诞前夜的雾凇险情和运钞车罢工的消息，这同时妨碍到我们圣诞树下礼物的购买和运输。哥本哈根协议的主题很迟才被提到，几乎是以逸闻的方式。

第15次缔约方会议的失败记录了一个转折点，因为随着加拿大退出，协议受损。"我们凭司法权利正式退出《京都议定书》"。加拿大环境部长彼得·肯特（Peter Kent）回德班（第19次缔约方会议）时宣布，旨在避免为不遵守议定书第一阶段的承诺而缴纳140亿美元罚款。加拿大在2012年前应该相比于1990年的水平降低3%的排放量。与这一要求的趋势相反，2008—2012年28%的排放量升高被记录下来。其他国家也选择退出，尤其是俄罗斯和日本。这只是一个例子，表明这样复杂而不确定的协议有多脆弱，未来也面临威胁。

实用主义时刻巴黎第21次缔约方会议的挑战

在法国召开的第21次缔约方会议应该在气候协商历史中标志了一个转折点。上一句话用了"应该"，是因为实际的挑战和公开发表的雄心壮志之间存在鸿沟：想要达成全球通用的强制性协议、限制全球气温升高低于2℃又谈何容易。我们在前面看到，这个上限已经失效了。看起来很虚幻，竟然要把这场会议的成功与一个从两个方面看都不可能达到的目标联系起来：得到地球上所有共同物主（约200个国家）的同意，并且力求达到一个能力范围外的减排目标，对应1997年京都第3次缔约方会议之后我们本来能够并且应该做出的努力。

不过成功有可能到来，如果谈判者们踏上实用主义的道路，逐渐积极加入。在美国和中国的影响下，方法正在成型，它将基于自愿的承诺和实际跟踪的实行。它让努力的强度成为可变的。各国可以共享目标、项目和差异化的工具：税、许可证、补贴、规范等。水平不相上下的国家之间也可以凭借改善的愿望和对这些承诺的跟进，开启传动效应。当然一个问题始终存在，也就是需要通过一家国际机构来进行核实，各国都拒绝接受；但是各国之间可以找到一个实用主义的解决方案，而不是靠着过度施压的强制性协议形式化地走走过场，那样注定会失败。透过这些条件，各国可以在一个符合大家期望的碳价上达成一致，并安排好现存价格和接下来定价之间的接力。

一个乐观主义的小注解，2009年以来观念在进化，那时起气候变化怀疑论的压力集团就爆发了。对于某些人来说不可设想的东西，也就是说气候的突变，成为一个现实原则，并扎根于经济与政治格局之中。意见的敏感化在全球层面上推进，不仅是在最富有的那些国家；尤其是多亏了社交网络，公民社会的动员发展起来并在每次峰会都有所加强。最后，根据斯特恩报告[1]（rapport Stern）的精神，越来越多的政治和经济决策者认为，在未来世界，赢家将会是预测到可持续发展方向并调整自己经济定位的那些人。

2015年8月，巴拉克·奥巴马总统宣布了他重整美国能源格局的意愿，准备严格限制煤炭发电站的温室气体排放，

---

[1] 这份报告写于2006年，拟稿人是世界银行前首席经济学家尼古拉斯·斯特恩爵士（sir Nicholas Stern）。报告强调，立刻做出国际行动，稳定造成气候变化的温室气体排放，得到的经济成效会远比在这个方向上采取措施的成本高。

支持可再生能源。尽管美国国会强烈反对，第二任期临近尾声的总统高瞻远瞩，一意孤行，定要将美国经济推向一种去碳化的全新经济模式。

这场过渡应该围绕着一个可预测的碳价组织起来，以引导各项决策和金融合作。这个碳价要想引导长期决策，除非它能达到并稳定在一个相对较高的水平。实际上，一切所谓的"低碳"投资，也就是说温室气体排放量很少的技术和基础设施，都要求调动大量资本；如果碳价不稳定，同时化石能源定价随之强烈波动，这些投资就不可能产生未来收益。

为了让真正的激励发展起来，投资应该依托于风险转嫁国家的模式或基于国家和国际金融机构（国际货币基金组织、世界银行）担保的"去碳化"政策评估的新型资助。低碳基础设施开发和能源效率项目应该享有资金配置，条件是由政府监控省下的排放成本对比碳价抑制之间的差额。

所有这些主题应该在巴黎讨论。它们是这场辩论的题目，比只能由国家的"政治意愿"担保的不现实的减排目标展示，更能决定这场峰会的成功。没有什么比充满好意的坏协议更糟糕。

不管政治领袖们的诚意、才干和承诺如何，气候协商会场都不能是决定地球未来的唯一地点。一段时间以来，注意力集中在另一个前景好很多的地方——股市和金融市场。

突击化石能源的金融特洛伊木马

如果我们的最优选项单纯寄托于风险厌恶和金融市场计算呢？想象一下股市和金融市场总体上真的信服于气候风险，并且这道风险与化石能源直接相关。那么完全理性的决定会有哪些？想象一下您投资于房地产和土地，位置都很好，租金收益很高，但是可能会被淹，国家收税更多且禁止造房子。那么您会选用怎样的投资者逻辑？抛掉还是留在您的投资组合中？

英国智囊团碳追踪[①]（Carbon Tracker）绘制出一幅非常精确的资产和化石能源图表。这项前面提到过的研究，不仅显示出可支配资源存量很充足，还尤其显示出有足量的资本涌入化石能源投资项目。这家非政府组织让投资者警惕金融泡沫效应，因为有可能各国政府和主管部门决定落实气候协商希望他们做的事：限制温室气体排放量。该智囊团的一项发表于 2013 年的研究——《不可燃碳和搁浅资产》（*Unburnable carbon and stranded assets*）表明，继互联网和美国房地产之后，一个新的泡沫将露头，威胁到整个金融系统。它将牵连

---

① 碳追踪（Carbon Tracker）是一家非政府组织，给金融市场和政治决策者提供与化石能源有关的气候变化信息。这家非政府组织由多个美国和英国基金会资助。

到与化石能源部门有关的企业投资，以及按国际上设定的碳排放限额对这些投资作出的估值。接下来的十年里注入到化石能源产业中的资金，也就是 6 万亿美元（45850 亿欧元），将彻彻底底地消失干净。

化石投资："搁浅"资产

一个金融泡沫或投机泡沫对应的状况是，证券行情大涨并达到在明智的少数派看来总体上远远超过实际资产价值的水平。对于碳追踪（Carbon Tracker）来说，价格不平衡风险源自化石能源储量（石油、煤炭和天然气）。正如我们前面看到的，这些储量大大超过国际社会为保证气候变暖在 2050 年前升温不超过 2℃而设置的排放量限制。然而，年复一年，非常可观的金额投入到新矿床的发现和开采之中。在如此的不确定性之中继续这些投资是否荒谬？

我们回想一下，为了不超过 2℃的这个门槛，在 2100 年前必须把二氧化碳排放总量限制在 1 万亿吨。但是，如果我们烧掉目前已知的全部石油、煤炭和燃气储量，从 2050 年起就会排放 28600 亿吨二氧化碳。只看上市企业（它们有义务公布数字，这样方便计算）的话，如果这些企业持续大力投入到开采和生产中，坚持一直以来的步调，1 万亿吨二氧化碳的最高限制将大大被超越。这项研究的作者们估计，若要遵守 2℃的目标，已认证储量中 60% 到 80% 不能使用。问题是这些能源中的很大一部分已经上市，意味着这些投资于能源部门的企业，其证券交易合约的价值被大大高估了。

石油公司、煤气公司或矿产公司的公司股市估值靠的是它们拥有的储备量，但是如果有新的环境约束、规范、法规禁止或限制它们的开采，这些储备就成了不可用储备。到一定时候，这些企业的股市行情会下跌。几十年的墨守成规之后，政府会下决心行动起来，在气候协商的框架内，或者看来更可能是通过单方面的形式；就这样，中国政府因为忧虑国内主要城市里的大气污染水平，已经开始付诸行动，瞄准煤炭，并计划在五年内令煤炭消耗下降。

这个威胁开始慢慢触动金融评价机构，它们意识到与碳风险有形化相关的金融风险的规模。出于对化石能源投资过剩的同样担忧，标准普尔（Standard & Poor's）评价公司提出在接下来的几年里可能对石油部门的企业做信用降级。目前，市场看起来没有将这些数据纳入考虑范围，主要与石油相关的纽约证券开价中碳的部分从2012年起升高了超过三分之一。某些股票市场，比如圣保罗（São Paulo）、香港和约翰内斯堡，从它们在股票市值中分给碳的权重看来，情况堪忧。在气候变暖威胁和化石能源日益增压之间，这个碳泡沫会如何运转？

金融共同体承认"搁浅资产"的概念，却也将之相对化。首先，针对不同的产业部门和不同的主营化石能源，问题的提法会不一样。因此煤炭热力发电站的含炭发电显然是在问讯台上，但冶金部门受到的冲击会小一点，因为在炭的使用上不存在真正的取舍两难。此外，国际、国内或地方管制会产生一种渐进式的冲击，并只会很慢地普及。

但是中心问题归根结底是金融市场针对政府完成或未完成的行动给出的信任。如果政治权力不能出手干预，改变游戏规则，石油公司总有一天会烧光它们全部的储备。一切都是风险评估和权力博弈问题。对于这些公司来说，威胁并不是来自气候变化，而是来自政治主管部门可能实施的约束。孩子们有一种饶有趣味的说法"怕都不怕"：如此明目张胆地厚颜无耻实在不讨喜。化石巨头们的态度里包含了只有孩子才会有的全能感。

碳追踪的报告总结在一个很敏感的点上：投入到上市化石资产中的资金，首当其冲的是委托给养老金基金经理或投资于企业的公共资金。"向您的基金经理查账，"作者们推荐道，"问他是如何对碳泡沫风险进行管理的。"金融展示之后，伦理道德的论题也清晰地显现出来。

公民社会发起的化石能源投资取消运动

这个提问是责任理财的奠基石。储蓄者和其他投资者希望支持与其价值和公民参与度同步的经济活动部门。这种类型的投资特别以社会责任投资（来自英文 socially responsible investment）之名为人所知。在美国，利用投资杠杆和投票权发起社会斗争是很寻常的事。全体大会不光是记录的会场，有时也会化作政治角斗场。股东行动主义常常是某些非政府组织使用的战略，这些非政府组织为了宣传活动而购买一家企业的股票，好在全体大会时质询企业领导。公共养老金的大基金公司也可以就所谓的"ESG"（环境、社会、管理）问题提出决议。这场运动通过对企业施压，使得捍卫某些社会与环境事业成为可能。对环境负责经济体联盟[①]（CERES）创建于埃克森（Exxon）在阿拉斯加沉没之后，距今已有25年，聚集超过130个机构投资者和其他非政府组织，他们渴望在企业金融和管理方面推动可持续发展。阿拉斯加油外泄事件发生之后，这个团体向埃克森的行政委员会施压，于是埃克森同意任命一位独立董事负责环境事务。四分之一个世纪过后，化石能源如果彻底退出历史舞台，这个标志性的联盟将面临日益艰巨的全新动员挑战。

---

① 对环境负责经济体联盟（Coalition for Environmentally Responsible Economies, CERES）创建于1989年，是一个美国非营利网络，聚集了投资者、环保组织和其他公益团体，他们与企业及投资者们合作，致力于应对可持续发展的挑战。

2012年以来，一家名为"350.org"①的非政府组织发起了一个联盟，名为"Divest-Invest"（撤资—投资），旨在使投资者们面对化石能源对气候施加的风险更加敏感。至今，这场运动得到了特别跟进，并组织了超过200个机构，这些机构已经决定从该部门撤资：旧金山市、世界普世教会委员会（le Conseil oecuménique mondial）、英国医学会（British Medical Association）、斯坦福大学、哈佛大学、格拉斯哥大学（Glasgow）……还有洛克菲勒兄弟基金会（是的，您没看错，洛克菲勒基金会）。这个五花八门的组织包含了地方团体、工会、大学和慈善基金会以及社会责任基金经理，却代表了很大的金融利益。活动瞄准了世界上在化石能源价值链中扎根最深的约200家企业。如果这些投资者从他们的证券投资组合中减掉碳足印，他们就能将一部分资金转向利于低碳经济的投资。

迄今为止，联盟成员决定将500亿美元石油投资转向其他领域，用于支持对抗气候变化的战斗。相比于石油、煤炭和燃气部门的股市估值，这个数字仍然很弱，光2014年就估

---

① 这个非政府组织创建于2008年，创建者为一群学者，其中包括比尔·麦克基本（Bill McKibben）。这个组织的名字来自大气中二氧化碳含量的警戒线350 ppm（百万分之三百五十）。一些科学家认为若要避免地球上不可逆转的气候反常，就必须将二氧化碳含量控制在警戒线以下。

计有5万亿美元。此外，观察者们没忘记强调化石燃料的主要投资是在私人市场完成的，并未被这场专注于上市证券的运动盯上；很大一部分资金流通是透过一些曲折的渠道，投机基金或融资组合，对于外行人来讲很不透明。

再者，叫座的宣传效应之后，承诺的履行有时很慢；英格兰教会就参与到撤资运动中，却只从沥青砂和火力煤炭中撤资，只有1600万欧元。至于它在各大石油公司的投资，它满足于承诺向这些公司的领导层施压，避免最污染的技术。一部分表过态的参与者，如银行和养老基金，也出于保护形象的理由从最污染的项目中退出，却并不对基金分配做结构性的改变，促进其他更有前景的投资。2012年起，澳大利亚协会——资产所有者碳信息披露项目（AODP）发表了一份年度报告，按照气候风险管理水平对全球1000家最大的养老基金进行评级。这些大型养老基金虽然经手总额50万亿美元的资产，却只将这笔金额的2%投资于低碳资产[1]。

撤资—投资运动的逻辑不是围绕着对化石工业的谴责，而是希望以引人注目的方式促进"绿色"投资，遵行几种非常不同的战略："green bonds"或者说绿色债券、能源效率

---

[1] 诺夫蒂克研究（Étude Novethic），《为气候变化动员起来的投资者们》，2015年2月。诺夫蒂克是一家媒体兼研究中心，责任经济模型的推动者，法国信托局集团的分支机构。

项目资助、可再生能源生产。我们可以注意到在促进可再生能源资助上美国投资的强烈主导。这常常涉及道德投资者，其中包括四家大型养老基金：加利福尼亚州教师养老基金（CalSTRS）、加利福尼亚州公共雇员养老基金（CalPERS）、纽约州养老基金（New York State Common Retirement Fund）和私立教育养老基金（TIAA-CREF），光是它们就已经投资了好几万亿美元，并参与进来加快运动的节拍[①]。

不过，在数字战役之外，这场运动阐明了公民社会的动员，并透过其他一些类似的创举突显出来。在法国，私人资金不是以同样的方式注入教育组织，而且养老基金几乎不存在，撤资拥护者们占据了另一个领域，也就是国际银行领域。非政府组织"地球的朋友"（Friends of the Earth）要求金融界大亨们回应"巴黎的呼唤"，要在第21次缔约方会议之前承诺终止他们对煤炭工业的支持，"为了气候和人民的健康"。法国巴黎银行（BNP Paribas）、法国农业信贷银行（Crédit agricole）和法国兴业银行（Société générale）在2015年书面承诺不再资助位于澳大利亚东边、大堡礁屹立之地附近的伽利略盆地巨额矿产项目。化石燃料撤资运动也在宗教共同体中获得了越来越大的胜利。全世界到处的信息都一样：赶走

---

① 诺夫蒂克研究，《为气候变化动员起来的投资者们》，2015年2月。

化石能源。

为了提高公民意识，有一天要轰轰烈烈地发起全球性的撤资运动：全球撤资日（Global Divestment Day）。这是一场示威：利用金融杠杆和社交网络促进全民大动员。整个挑战就是将这场运动扩大到公民社会和社会责任投资者过于机密的小圈子之外。

这场集体参与在 2014 年 9 月联合国在纽约组织的国际峰会上有了一个重要的转折点。联合国秘书长潘基文正式对金融界发出呼吁，让他们积极为对抗气候变化之战做出贡献。这道呼吁被 358 名投资者响应，他们签订了《全球投资者关于气候变化的声明》（Global Investor Statement on Climate Change）[1]。这数百名投资者所代表的数额超过 24 万亿美元，肯定了对抗气候变化之战的必要性，认为这会冲击到他们的

---

[1] 声明的文字由6个社会责任投资者组织和非政府机构提议并起草：欧洲气候变化机构投资者组织（Institutional Investors Group on Climate Change, IIGCC-Europe）、亚洲气候变化投资者组织（Asia Investor Group on Climate Change, AIGCC）、气候风险投资者网络（Investor Network on Climate Risk, INCR）、澳大利亚和新西兰气候变化投资者组织（Investor Group on Climate Change, 澳新 IGCC）、联合国环境规划署金融行动机构（United Nations Environment Programme Finance Initiative, UNEP FI）、联合国支持责任投资原则（United Nations-supported Principles for Responsible Investment, PRI）。

金融资产。这些投资者中包括盎格鲁-撒克逊和欧洲的公共养老基金。

这个宣言并不是这一类运动中的第一个。这些诚意声明从2009年哥本哈根峰会以来就经常重现，企业领导人、投资者和银行家以手捧心，陆续上台证明他们对气候反常越来越重视。从签署人数和总体持有的资金数额看来，这一回，运动真正有了重要影响力。这些签署者特别强调希望政府参与进来，这一点很关键。宣言中重点提到了抗冲击的低碳经济，并恳请政府及有关部门制定明朗稳定的能源政策，并在2015年就气候问题许下高瞻远瞩的国际性承诺。这就是这个投资者联盟所期待的信号，有了它就能获得必要的信任，来支持并加速适应气候变化所需的投资。

这里我们并不想通过一个运动比喻将主题滑稽化，我们正处于一种前所未有的局面下，两支队伍很久以前就将裁判员赶出场地，为了可以自由竞技。投资者这一队，在某些观众施压之下，要求裁判员回归，重制必不可少的裁判规则。另一支队伍，化石公司这一队，非但不急着让裁判员回来给比赛增加约束，还试图拖延时间。某些观众催促犹豫不决的裁判员走出场边休息区，并鼓励他抢回自己原来的位置，好净化比赛。换句话说，球在公权力和主管部门那一方手里，而这个独一无二的时机绝对不能失去。这恰是一个历史性的突破口，只要好好加以利用。

投资者在这场撤资活动中的投入改变了化石公司和公权力之间的力量关系。从公民社会乃至公权力的角度，与地球上最强的那些公司针锋相对，是一场难以忍受的战斗，常常是徒然。相反，当他们自己的投资者们，也就是说他们的股东，开始发起质疑，力量关系就会改变。别忘了盎格鲁-撒克逊资本主义的主要发动机就是给股东创造价值。如果发动机发出噼啪声并卡住，堡垒就会遭到重创。

基于金融和道德论题的股东行动主义

根据牛津大学研究者完成的一项研究[1]，这场撤资运动应该可以快速发展起来（相比于在南非反对种族隔离的运动、反对烟草工业的运动或反对军备工业的运动）。总的来说，据研究者们记录的情况，这些运动在金融上有着象征性的影响，并不会严重影响到股市行情。然而，它们可以在名声上造成真正的损伤，动员起某些对所有形式的风险敏感的机构投资者，并引起管制的加强。在搁浅化石资产的例子中，隐藏的

---

[1] 阿提夫·安萨、本·凯迪克特、詹姆斯·蒂尔伯雷（Atif Ansar, Ben Caldecott, James Tilbury），《搁浅资产和化石燃料撤资运动：撤资对化石燃料资产估值意味着什么？》(*Stranded assets and the fossil fuel divestment campaign: what does divestment mean for the valuation of fossil fuel assets?*)，史密斯企业与环境学院（Smith School of Entreprise and the Environment），牛津大学，2013年10月。

争论并不光是针对构成其力量的道德论题；联合不同类型利益的能力是真实的，从小股东到最大的养老基金，通过一种股东"混合主义"。

两种宣言在这道幕布上相撞，一个来自诺贝尔和平奖得主，尊敬的德斯蒙德·图图（révérend Desmond Tutu），呼吁道德复位，另一个来自洛克菲勒帝国继承人史蒂夫·海因茨（Stephen Heinz），重实效且深谋远虑。两种看法交会并产生反响。

前者认为："我们应该阻止气候变化。而且我们可以，如果我们使用在南非起效的策略……遍及我的一生，我都相信面对不公唯一恰到好处的回应就是圣雄甘地所说的'消极抵抗'。在南非反对种族隔离的斗争中，通过抵制、撤资和制裁，在我们的海外朋友们的支持下，我们不仅可以对不公正的形势施以经济压力，还施加了沉重的道德压力。"

至于洛克菲勒兄弟基金会的史蒂夫·海因茨（Stephen Heinz），他作为约翰·洛克菲勒的王朝继承者，将这次的金融转变解释为希望将他的资本重新引流到化石燃料之外的其他收入来源上。"我们相信如果他今天还在世，作为一个商人，深谋远虑，展望未来，（约翰·洛克菲勒）会重置他的投资，转到清洁和可再生能源领域。"

这个宣言中没有忘记以最大化石帝国后继者身份对我们讲话。不是打击罪行，而更多地是适应经济和技术的变化，寻求新机会，就这么简单。约翰·洛克菲勒并不会被这样的变化惊得死不瞑目；时代在变，企业家的特性就是在最好的时刻抓住最棒的机会。

化石燃料企业的金融分析似乎巩固了洛克菲勒继承人的观点，并点出了化石燃料部门除却管制加强和道德压力之外内在的缺陷。开普勒·雪佛赫（Kepler Chevreux）的一项研究用著名的股本回报率（ROE）建立了一个能源对照，提出一个新比率：投入资本能源回报率（energy return on capital invested，缩写 EROCI）[1]。这样，从严格的金融视角看，一份投给光电太阳能或风能的 1000 亿美元的投资，相比于投给石油的等量投资，提供了更好的能源回报率。说白了，石油公司投入到化石能源新矿床开采中的资本总额比它带来的回报要高。这一"价格剪刀差效应"质疑了目前的石油企业估值，并且无度的石油消费模式将我们带得倒退了一个世纪，大家纷纷改用个人交通，加速了铁路公司股价从股票指数行列中退位的进程。因此，道琼斯工业平均指数（Dow Jones Industrial Average）在 1890 年推出时，全部由铁路公司股价组成，这些铁路公司在 1914 年悉数落榜，让位给一众享有石油富足的黄金时代红利的汽车制造商。

---

[1] 开普勒·雪佛赫证券经纪公司的分析师们为2014年9月齐聚于蒙特利尔的责任投资者们展示了这项研究。

围绕着碳风险的讨论十分中肯，以至于责任投资圈之外的其他投资者们也被吸引过来。所以没有气候风险评估，就不可能有明智的投资，因为地球变暖会对全球经济格局造成重大后果。对于投资者们来说，变化代表着风险和机会。理解变化是投资者信用责任中很重要的一部分，而他们的信用责任受到法律严格规范。

石油公司面对关于气候风险的这种股东行动主义反应不一。2015年新召开的几次股东全体大会显示出一道明显的裂痕，一边是欧洲企业如BP、壳牌、道达尔（Total），另一边是美国企业雪佛龙（Chevron）和埃克森（Exxon）。

BP石油公司全体股东大会在2015年春季召开时，约98%的股东在集团收益预测中选择支持一项有利于采纳碳风险的决议。来自世界各地的机构投资者结成盟友，为该决议辩护，而BP公司自家的领导层批准了这项决议。小股民得到BP手下一些极富影响力的机构投资者的支持，比如挪威地下基金或美国加州公共雇员养老基金（CalPERS）。为限制气候风险，大家都急切想要看到领导层采纳一个"低碳"战略。几乎相同的情形在壳牌全体大会时又上演了。股东们强调了领导层前后不一致的战略，在支持气候变化决议的同时决定回北极钻探。壳牌总裁只好承认"在北极钻探与可信气候政策相背离"。

而在美国两大主要石油公司埃克森和雪佛龙的全体大会

上，氛围完全不同。关于气候的议题，在公民社会施压下得到养老基金的股东支持，却得分很弱。（1989年对环境负责经济体联盟成功任命了一名环境事务独立董事，这样的胜利战绩并没有在气候议题上发生。）雪佛龙和埃克森的领导层故意低估乃至反驳了碳风险的重要性。得分不佳主要是由于领导层里对这些决议缺乏支持，与BP和壳牌的领导层相反。不过很可能等时机成熟，这些企业就会限制它们在风险越来越高的石油项目中的投资。如果说它们在2015年的战略中没有纳入气候风险的考量，它们也不再有办法否定气候问题，因为从此气候问题将频繁出现在它们的董事会和全体大会日程表中。

兴起于美国的特洛伊木马战略，需要非政府组织和金融机构结成盟友，联合行动。这种做法在欧洲比较成功；碳风险和气候风险的问题从今往后将在化石帝国内部生根并经历反复论证。接下来我们只需要了解这些金融或道德的论题会在何种程度上长期扭转企业战略，并影响那些支持对含碳最多的资产逐步撤资的投资者战略。

权利、司法和公共财产保护

等待一场假设中的价值观革命的同时，看看世界银行行长金墉（Jim Yong Kim）在2015年达沃斯（Davos）峰会上发表的讲话："做第一批行动的人，表现出智慧和谨慎，世界在改变，从你们的信用责任的角度思考，恰恰符合你们的自身利益。"

司法论点听起来几乎像一个警告。换句话说，对于世界上较大金融机构之一的领导者，取消化石能源投资是一个从金融角度看的明智决定，并且也有司法根基。

提出的最后一点会在接下来的几十年里令大批法学家和律师为之忙碌：机构投资者，特别是选择继续持有化石证券的养老基金，很可能面临司法追究，因为忽略了气候风险而没有履行信用义务。对于企业来说也一样。国家政府已然面临这个问题，已经因此遭到起诉。

金融杠杆之后，法律杠杆可以在化石防线上打开一条新的裂缝；更别提正义的怒火。

审慎原则，信用责任的奠基石

在法国和欧洲内陆地区，我们对来自盎格鲁 - 撒克逊法律的信用责任概念并不熟悉。因此很难跳过一些有点枯燥的技术介绍，它们对于理解当代金融基础及其阿喀琉斯之踵非常富于启发性。

美国和英国的养老基金已经成了股票市场上无法回避的参与者，都是特殊的机构投资者。他们要确保完成社会保障任务并从信托①(trust)那里获得合法性，在盎格鲁-撒克逊法律中信托是一个很有特点的法律实体，具备道德的属性，内在核心是一种"信用"关系。这种关系将委托的一方和为了第三方进行管理的一方联系起来，其核心就是"审慎人规则"，法国人会说成好爸爸规则。这条规则规定受托人的义务不在于结果而在于方式，他必须以"审慎"的方式运作。这条规则因而标志了对受托人责任在程序上的严格认定。

这个法律实体在 20 世纪上半叶被雇主们选中，用来巩固养老金管理，当时的大背景是社会保障公共制度相对较弱。出口到美国之后，信托保留了它的特点：一个监督方的存在，负责保障社会公正。选择了这个法律载体来安置他们的资金管理，美国退休金系统的参与者们就试图将两种理论上对立的逻辑合为一体：（社会）保障和金融。雇员退休收入保障法②(Employment Retirement Income Security Act, ERISA) 有力地将整个资产管理领域结构化。这条法律的实际管辖范围

---

① 信托源于设立人（settlor）个体委托给受托人（trustee）个体的任务。任务要求受托人代为管理第三方的遗产或资产，这个第三方被视为太弱，无力善用其财产的价值。信托内在的保护维度由外部协助担保，一位监督（tutelle）——在古代先是教会然后是君主——负责以道德或公共秩序之名保护"弱者"。

② 信托的运作方式在1974年被雇员退休收入保障法修正，这条联邦法律的管辖范围是私人企业。

远远超出了它严格界定的退休账户范畴，而是辐射到经手巨额资金的整个资产管理行业。实际上，这项改革也对（管理联邦和各州公共雇员退休金的）公共基金产生了很大的影响。

这个平衡逐渐被打破，朝着有利金融的方向发展，尤其是那些私人养老基金，其受益人不管是哪种身份（工薪阶层、工会干部），都被视为关心资产回报的"标准"股东。规则明确禁止将基金投入到不能立刻体现金融逻辑的项目中，比如社会责任投资。

对于不归雇员退休收入保障法（ERISA）管的公共养老基金，情况会不一样，他们可以在投资上有更多自由，甚至可以选择支持有利社会和环境的项目，只要不违反审慎人规则。所以并不是一切投资选择都必须基于道德选择。

这条规则逐渐从审慎人规则进化为审慎专家规则。审慎，就要遵守信用义务，资产的管理者必须按照金融职业的法典，也就是说遵行一种适用于所有可支配资产的多样化模型。这个模型可以将投资流程统一，虽然经手一连串中间人和各种复杂的算法。

不过，归根结底，在法律面前，这些受托人要为他们承担的信用义务经受审判，其信用义务既有狭义的体现形式（私人养老基金），也有广义的体现形式（公共养老基金）。

基于这层考虑，某些公共养老基金决定从化石能源项目撤资，到底算合法履行了信用义务，还是玩忽职守？这是"审慎"决定，还是凭着个人主观判断夹带私货？受托人的选择在任何情况下都不能依托于对气候事业的信念或共情，而要以非常严密的金融考量为支撑。形势悬于一线，可以摆到这一边，也可以摆到另一边。

信用责任和气候变化

一方面，公共养老基金的受益人可以起诉他们的受托人未尽到义务，出于个人原因从化石能源项目撤资，另一方面，受益人同样可以因为受托人不从化石能源项目撤资而起诉其失职。只有基金的成绩（但以什么作为参考系？）可以为这一方或那一方正名。我们还可以想象一个情境，同一家基金公司里的受托人服务于诉求不同的两类受益人，遭到两面夹击。

信用义务的定义及其应用范围界定起来非常复杂，在那些义务明显没被遵守的情况下，它们更多地是成了空壳；暴露于风险之下意味着义务未尽，没能对受益人专属利益负责，继而引起不可挽回的信任损失。对于大部分基金来说，这个专属利益只能通过理财效果来体现；更宽泛的利益概念又如何？因此，越来越多公共养老基金将烟草从他们的投资证券组合中排除，原因是这种产品的消费毒性很高，从而资助烟草工业不能算是符合受益人的"最优利益"。问题就是要了解，是否受益人的生活质量（和肺）应该归主管受托人来管。任何阐释都是可能的。烟草的例子可以给气候问题提供一个有趣的对比。

我们在这里再次看到了前面提到的养老基金（尤其是公共养老基金）的双重任务：一是确保社会保障职能；二是（在无风险的前提下）使理财收益最大化，用以支付退休金。对于基金受益人，也就是那些退休者或未来退休者来说，他们的利益一方面是舒舒服服赚取定期收益，另一方面则是一个干净、安全、健康的生活环境。

在英国，一份法律委员会报告参考来自成员提名养老基金受托人协会（Association for Member Nominated Trustees）的研究，引用了这些话："为什么要给损害生存质量的高投资回报率养老基金赋予优先级？"

"尽管追求利润是受托人的主要职责，我们也不认为法律规定这是唯一的职责，在两个条件下受托人可以将与生活品质相关的因素纳入考量：第一，受托人应该确保其关注点与成员受益人一致；第二，这样的决定不会带来理财风险，导致受益人大幅亏损[①]。"

根据自己的信念来做出理财决定，就背离了审慎管理基本规则。所以只专注于一种"亲气候的"漂亮话是值得辩驳的，并且与审慎专家原则不相容，但是故意忽略关于气候变化的

---

① 英国法律委员会关于投资从业者信用责任的报告，2014年，第131页。

显著科学证据也可以在法庭前被定性为信用责任的缺失。

让我们打赌，受托人大多属于气候不可知论者。简单来说，他们认识到气候变化的事实，清楚气候变化很可能由人为排放温室气体引起，但是这与他们信用责任之间的关联很难建立，一旦采纳气候观点必然引起激烈争议。

这很有趣，让我们想象一间法庭开始调查这样的案例，在接下来的几年里这种情况肯定不少。整个司法共同体倾力筹备，反复论证。当受托人被带上法庭，法官会检查受托人搜集的情报品质、为深入了解议题而倾注的时间以及全球范围内审慎理财的投资环境。

不过，在气候变化的问题上，除了明确可见的金融表现证据，在一个集体决策特别是国家决策根本不理性且看起来属于信仰范畴的世界里，法官或许很难将一个受托人的行为评定为"审慎"；相信或者不信气候变化，很不幸，我们永远要以这样呆板无效的意识形态方式进行提问。

取消化石能源投资运动由公民社会发起，并拉到了一些大型基金公司、大学、教会和公共养老金管理机构，应该可以善用第21次缔约方会议，这场在巴黎召开的气候大集会将直接透过媒体和社交网络传播，产生扩散效应。获得了象征性的首战大捷之后，尤其是在股东全体大会的前线上，这场运动也应该赢得法庭上的战役，以最终确立它的合法性；这场即将展开的斗争是一场长期的斗争。

为了让一场利于气候正义的运动有所进展，并且实现真正的公平，必须将其讨论的根据地扩大到整个私人金融、投机基金和行政领域。实际上，单单瞄准公共养老基金理财和区区数百万人的中产阶级退休公务员，这场运动将无法高效地走上正轨，光靠这点人显然无力应对这场全球性的挑战。

气候正义的出现

让我们离开机构投资情景，再回到国家及其主管部门的场景下。对于一个国家来说，在科学证据齐全，第一批反常信号都可以感知到的情况下，大手笔补贴化石能源是否审慎？轻率对待温室气体减排承诺是否负责？

2015年6月，历史上第一次有了关于气候的立法，荷兰法院受理了一家名叫"紧要日程"（Urgenda）[1]的非政府环境保护组织提交的上诉，申诉的理由是本世纪末之前气候变暖高于2℃会构成"对人权的侵犯"，要求政府减少温室气体排放。海牙法庭评估"基于目前国家政策，荷兰最好在2020年减排17%"（相比于1990年）。按照跨政府气候变化委员会（IPCC）的计算，法官们认为荷兰政府阻止气候变暖的工作

---

[1] 这个联盟聚集了900个起诉人，最终支出了超过20万欧元资助他们的斗争。"Urgenda"这个名字是由"urgent"（紧急）和"agenda"（日程）二词缩合而成。

尚不到位，并未履行承诺完成跨政府气候变化委员会测算的减排指标。两年的预审之后，他们命令政府在 2020 年前减排 25%。这是法院首次勒令政府在其气候政策中以更高的标准设立目标。

  这个决定是历史性的，在气候正义的建立中具有划时代的意义。不过此次庭审并非首创。21 世纪第一个十年伊始，十来个主题为气候变暖的诉讼被提交到美国法庭，徒劳。法官全都系统性地宣称无权力处理这个问题。因此，2005 年，因纽特环极理事会（Conseil circumpolaire inuit）向位于华盛顿的美洲人权法院（Commission interaméricaine des droits humains）提交了一份诉状，证明美国温室气体排放造成的气候变暖毁坏了北极环境，侵犯了因纽特人维持传统生活方式的权利。但是法院以证据不充足为由否决了这项起诉。

  海牙法庭在去年 6 月驳斥了这个立场。在三位负责文件的法官眼里，污染性排放的毁灭效应在科学上已经得到了清楚的证明，所以政府应该行动起来保护公民：国家应该"履行其环保义务，采取更多行动来遏制气候变化引起的紧迫危机"。几位荷兰法官并不陷入理论上的意识形态之争，而是根据国家对气候变暖应承担的审慎义务进行判决，并且有大量条文及国际条约尤其是一系列欧洲条约作为支撑。根据辩方的论据，气候变化是一个全球问题，不能在国内层面上处理，这遭到了反驳，驳斥者引用了"各国在本土行动的义务，以国家共同但有区别的义务的名义对抗变暖"。非政府组织在气候协商中给发达国家和发展中国家分配任务时所使用的核心概念就是"共同但有区别的责任"，这一概念终于有了相应的司法表述。

这对于荷兰人民，以及再广泛点对于欧洲人民来说，是一场不可否认的历史性胜利，哪怕荷兰政府很可能下决心推翻这次的决定。司法应该挺身而出，抗击气候变化——这一设想终于得以具体化。形势很简单：既然国际社会承认行动的紧迫性，那就必须限制组成共同体的各国来做出并遵守志向远大的承诺。就此，气候正义不再是一个空泛的概念。2014年年底一项法律诉讼在比利时发起，有9000名原告参与。比利时法院会在2016年底做出回应。另一项法律诉讼在挪威发起，也是气候变化的主题。

海牙法庭的决定也可以打开另一种类型的法律诉讼之路，不光是起诉国家，这回是起诉温室气体排放量极高的大型私人公司。2008年，阿拉斯加的基瓦利纳（Kivalina）村对多家大型能源企业提起诉讼，强调气候变暖引起了海洋结冰的减少，迫使村庄迁移。这起案件被法院归类为不予起诉，理由是法院无权受理，只有执行和立法的权力机关，才能做出与温室气体排放门槛相关的决定，哪怕议题首先属于公共健康范畴而不是气候范畴。大众汽车丑闻是如何在法庭上解决的？

大众汽车欺诈性地安装了一个软件，少算柴油发动机的污染性排放量。

面对这一僵局和这些推托之辞，在试图逃避责任的政府和倾向于宣布无能的法院之间，学者、律师以及全世界的行政官员一起动员起来，推进司法论证进展。气候变化是一个争端吗？特别是在国际法之中，它涉及人权、国内环境立法，以及从最小的程度上讲，公民责任。他们总结出一个肯定的答案，同时认为关于人权和环境保护的长久原则都受到了气候变化的威胁。

更普遍来说，世界各国专攻人权和环境权利问题的法学家们都希望为气候正义的创建出力。在一份题为《关于减少气候变化全球义务奥斯陆原则[①]》的文件中，一系列法律论据被列举出来，用于起诉政府和企业。根据这些专家的说法，政府的义务是让人权得到尊重。然而气候变暖威胁到一些基本的权利，如生态安全，乃至食物和水的获取。这些原则提醒政府和企业肩负对抗气候变暖的法律义务。哥伦比亚大学法学院萨班气候变化立法中心主任迈克尔·杰拉德（Michael Gerrard）在评价海牙法庭做出的裁决时发问："真正的问题是

[①]《关于减少气候变化全球义务奥斯陆原则》(The Oslo Principles on Global Obligations to Reduce Climate Change) 一文于2015年3月30日在伦敦国王学院的一个专题座谈会上公开。

谁拥有权力，谁在负责气候政策的制定？从我们的角度来看，法律应该有办法面对这一严重的威胁①。"

  一个国际气候正义法庭会不会产生？这样的法庭规划并非虚构，它由某些国家提出，比如玻利维亚就是通过总统埃沃·莫拉莱斯②（Evo Morales）发声，还有一些另类全球化组织想要为遭受气候反常损失和人为掠夺之害的受害人群代言。不遵守国际协议（如《京都议定书》）中确立的强制污染规范和排放水平的政府和企业被推上被告席。对于倡导者们来说，一个这样的法庭应该可以提高意识并规范行为，激励国内各家经济主体把自己的污染和排放量限制在全球合法科学权威如跨政府气候变化委员会（IPCC）确定的许可门槛之下。联合国以国际刑事法院为范本，创设在气候和环境问题上有裁决力的司法机关，界定政府或工业及金融机构实行的能源和气候政策违背国际规范而造成的"重罪"或"轻罪"的概念。别忘了这一规划尚处于构想阶段，因为建立它所必需的基本共识如今看起来缺乏可能性。

---

  ①《各国有没有义务保护公民不受气候变化伤害？》，参见：global-voicesonline.org/2015/07/28。

  ② 他的政府2010年4月在科恰班巴组织了人民对抗气候变化世界会议。

《赞美你》或神授正义

如果被视为一种公共财产的气候从此属于人类正义的范畴，那么气候变化作为一种真正的文明挑战，就属于神授正义的范畴。

在献给环境的通谕《赞美你》[①]中，教皇对"所有人"讲话，不光是对天主教徒，呼吁良知苏醒，以对抗气候变暖。基于科学研究，他把这种现象"很大一部分"归因于人类活动和化石能源燃烧。"如果目前的趋势持续，这个世纪会见证前所未有的气候变化和生态系统毁灭，对我们所有人产生严重的后果。"教皇方济各同时提出了支配"造物"保护的道德原因和科学原因，"国际协商不能大步推进，由于一些将本国利益放在公共财产之前的国家的立场"。教皇认为，温室气体减排要求"诚实和勇气，特别是最强大且污染最多的那些国家"。他还补充道，"那些因我们试图隐藏的事情造成的后果而吃苦的人，将会记住我们良知和责任的缺失"。

他尤其提到，最贫困的那批人恰恰从空气污染中吃苦最多，他们将第一批被海平面上升或极端恶劣天气波及。他忠于教会信条，坚称世界人口增长并不是生态问题发生的原因

[①] 发表于 2015 年 6 月 18 日，星期四。

之一，反而质疑了消费主义和最富阶层的浪费，再一次抨击"垃圾文化"。教皇认为："土地，我们的家，似乎变得越来越像是一个污秽不堪的垃圾场。"他还鼓励每一个人从自己做起，多多"回收利用"。最后，他邀请全人类改变生活习惯、生产和消费方式，变得更"朴素"，因为朴素与发展并不对立，它已经成了发展的条件。对于那些始终在追忆消逝的经济增长的经济学家来说，教皇这些极具颠覆性的提议很可能令他们感到绝望，但也有可能为他们带来启发。"世界上某些地方是时候承受一定程度的经济衰退，让出资源帮助其他地区实现健康的经济增长。"他还写道。

通谕表明，教皇正式加入大部分科学家阵营，实名反对气候变化怀疑论——要知道某些基督教团体还在为气候变化怀疑论辩护，天主教和新教人士都有，美国尤甚。教皇还认为，煤炭和石油这些化石能源，应该被"循序渐进但毫不迟疑[①]"地由可再生能源替代，否则地球会损失重大。2015年1月访问菲律宾之前，言行一致的教皇力挺化石能源撤资运动。

教皇加入气候变化论战虽说令共和党不悦，却令很多人注意到气候危机所反映出的文化和道德危机；越来越多的公民看清政治界与经济界的不作为，更倾向于支持生态方面的

---

① 摘自2015年6月6日《十字架》（*La Croix*）日报上的教皇访谈。

言论。教皇通谕一经发表,欧洲生态绿党就发布了一篇通讯稿,标题调皮地使用了拉丁文——《生态教皇在我们这边》(Habemus papam ecologicum)。内文其实很严肃,强调"让全社会——包括各种宗教——的所有人文运动和社会运动劲往一处使,共同面对一次前所未有的文明挑战,这对于所有人良知觉醒、团结起来打赢气候战役非常关键"。

在等待一场希望渺茫的颠覆性生态大翻盘的同时,还存在一些具体的行动路线以及真实的展望,让我们解开依赖化石能源的枷锁,无须等待重大的技术突破口。这些路线主要依托于政治勇气,结束化石补贴,对碳征税,规范温室气体减排承诺,鼓励能源效率项目;在公民的施压下,机构投资者们可以取消化石能源投资并将资金投入到清洁能源和可再生能源领域中。能影响经济和伦理论题的"责任"金融特洛伊木马看来是巴黎会议之前短期内撼动化石堡垒最好的王牌。不过,法律武器在第二阶段会显得很有效率,攻破一些更坚定的立场,并建立起气候正义的基础。

现在让我们放下这套作战用词,再回到教皇的通谕,它给辩论带来一个新的方向。教皇提到地球时用到了"共同家园"这样的说法,同时提到了气候作为公共财产的概念。这些概念大大超出了神学语汇,并且向我们集体发问:当文明被服务于短期私利的经济和金融逻辑支配,公共财产是什么?

第 5 章　朝向后化石文明

"如果您在云上建造城堡,您的工作并非徒然;那正是它们应该待的位置。现在,给它们奠基。"

——亨利·戴维·梭罗,《瓦尔登湖——林中生活》

"软件,是 20 世纪八九十年代的石油。"

——史蒂夫·乔布斯,苹果创始人,1984 年

气候和能源危机邀请我们想象一个全新的故事。在放飞想象力的同时,我们也可以造梦,逃避,并升起幕布描绘后化石文明的轮廓。我们中的每个人在那里投射一道希望或焦虑;这个文明会不会在衰竭的资本主义体系中松开缆绳,共享知识和公共财产从而发明新的创造和价值模型?它是否将会基于可再生能源,可靠且充足,确保为所有人带来和平与繁荣?或者我们是不是走上了一条更阴暗的道路,化石垄断将被全新的数字帝国取代,它掌握并独家拥有的不是自然资

源而是所有人觊觎的极品——信息？知识和技术的杰出飞跃，配合数字工具的使用，可以让我们突然转向任何一边，光明世界或者黑暗世界。

有一件事很确定，与化石能源相反，知识是一种有生命且无穷尽的原材料，它将是这个新文明的奠基石。

绿色能源，新型社会的拱顶石

翻过化石能源这一页，需要一段很长的过渡期。再想想，我们有80%的一级能源来自化石能源，并且汽车总数使用能源97%来自石油。我们不光目睹了温室气体排放及污染带来的种种问题，还见证了石油依赖在20世纪历史上酿成的严重恶果，这些都充分表明能源过渡势在必行。这个后石油文明的挑战首先在于找到民主和平的能源，避免再次陷入依赖的可怕陷阱，对于消费国和生产国都一样。

除了这些能源的属性和它们的固有优点，挑战也集中于相关的经济和管理模型，别忘了数字仙子的精彩助攻。在一种理想视角下，电力生产和消费，来源可再生，可以借助于物联网[①]得到优化。全部用户和他们的机器及电子载体将以这种方式通过一个数字平台连接到一个智能网络中。这里重要

[①] 物联网表示源自现实世界配置的信息和数据通过互联网进行交换。物联网被视为第三次互联网进化，所谓的"Web 3.0"。

的不再是能源生产本身，太阳会提供能源，而是在连接起来的所有物品和用户之间流通的信息，伴随常设的高效和优化逻辑。在个人日常生活中与这些网络渗透率相关的数字显示出，这不涉及精神视角。因此，在美国，3700万个"智能"电表正在实时测算全国消耗电量①。

整个电力生产价值链届时都会被撼动。在这样的方案中，大型能源公司将被夹在直接消耗自家房顶所产能源的个人和负责实时运营所有通信的大数据企业之间。这样的展望令人眩晕。

新的价值链

从远景看，资本主义的发条可能会被打破，因为这个发条要依靠永远以更低价格提供更多产品同时实现利润的能力。因此与可再生能源生产相关的互联网科技革命，接下来会和库存技术决裂，可以降低生产边际成本，同时让电力变得近乎免费且充足。在这样的行程中，太阳能似乎极富前景，因为生产和消费的循环可以更好地同步，而风能则更多变。因此，绿色能源可以在本地被生产和消费，然后在互联网上分销，并在本地总控室里得到管理。这已经成为可能，比如在

---

① 参见：杰里米·里夫金（Jeremy Rifkin），《危机世界的新意识. 朝向共情文明》，通天塔（Babel），2014年。

德国，可以在一块领地的合作框架中通过集体行动组织能源管理。

"积极能源领地"的欧洲识别，由包括德国、奥地利和意大利的 10 个欧洲国家建立并分享，就是属于这个逻辑，并已经使识别加入有效能源过渡的领地成为可能。这个识别构成了一种品质象征，通过放置"TEPOS[①]"标志来担保。这些领地采纳了一种方法，在本地范围内，可以在能源消耗和生产之间达到平衡，减少能源需求，促进能源效率，鼓励可再生能源。为此，网络成员推崇集体负责且有参与性的治理，希望消除方法和经验上的隔阂。我们在这里找到了基于共同体利益而非个人利益的一种社会组织形式开端。

公共财产治理

有了公共财产的集体负责治理，资本主义会不会随着免费和共享经济的风（或阳光）消逝无踪？

尽管收到了令人不安的病危通知单，资本主义的正式讣告尚未发布。一千次濒死，又一千次以卓越的可塑性完成了自我再创造。假设所有形式的资本主义都莫名其妙消失了，支配欲始终充满生命力，会借助其他路径出现。

---

① 参见：能源过渡法，2014 年 10 月 14 日。

财富分配的混合形式

推广公共财产的概念，给资本主义带来致命一击，这是不大可能的，但是前所未有的混合型财富生产及分配形式可以出现并共存于私人企业、公共部门和合作或互助主义模型的交界。

气候和能源危机的挑战化作"规范外"文明的挑战，也就是说任何政治、法律乃至经济的规范框架都无法将之全部容纳。公共财产的概念诞生于人类意识到共同遗产存在的那一刻，从那一刻起人们认为有必要保留某些物质财产（水、空气、原材料、能源）和非物质财产（气候、知识、文化、健康、财政稳定、和平等）。一片巨大的模糊概念在我们面前展开，问题仍然找不到答案。在我们20世纪化石经济和司法参考系中，要思考"公共"财产的概念及其层层推理的构造难于上青天。这些参考系被马克思主义或自由主义经济学理论支配，以"公共""集体"或"私人"这些概念作为特点，引导我们通过密密麻麻的阅读来理解世界，在"全局利益"和"私人利益""营利目的"和"非营利目的""物质"和"非物质"之间做出明确的划分。"commun"一词会在本世纪初成了表示"公地"的名词到底是出于什么原因？

公共财产的概念扎根于我们的历史遗产中，实际上重现于现代资本主义社会合法性受到质疑的那一刻。我们由市场隐形的手调控的完美经济学钟表卡住了，新近的金融危机恶化为经济和社会危机，表明这个系统无力实行足以解决目前失常水平的生态和社会管控。这涉及规划一个概念性框架，为治理属于市场和应该避开市场的领域提供政治扳手。

2010年，厄瓜多尔发起了一次前所未有的创举，为的是保护一个公共财产，也就是生物多样性的宝库——亚苏尼（Yasuni）国家公园；这家公园还拥有国内最大石油储藏。厄瓜多尔总统向国际社会提议放弃开采这份石油，但要联合国批准一笔资金补偿作为交换。此举没有获得成功；多年在环境法中为这一新型法律运作密集辩护之后，厄瓜多尔在2013年8月授权石油公司在亚苏尼国家公园开采。上述案例虽然是个失败的创举，却打开了一条思路，让全球从人类公共财产的角度去思考生物多样性的保护。挑战关乎原住民群体发展、石油出口国政策、国际治理、气候协商和地下碳维持、"美好生活"（buen vivir）的概念，还有生态政治的构建。

即使我们觉得这类补偿项目不一定在未来变成现实，亚苏尼国家公园的这一标志性项目可以被写入即将在巴黎召开的气候大会以及后续其他会议的日程表。围绕气候与能源利用展开的这一系列协商和争端，都与各个社团及社会行动者直接相关——他们是这些场景中的主角，他们的声音应该有人倾听，并得到展示的机会。

寻找前所未有的治理模型

1968年，社会生物学家加勒特·哈丁（Garrett Hardin）在集体财产的类别下构想出一套激进的质疑。他认为，集体财产只会引发"公地悲剧[①]"。他的模型明确表示，当一份资源可以自由取用，每个使用者都会本能地无限获取，直到用光。给出的例子是一块草地，每个牧羊人都试图增加自己的羊群数量，因为无论如何，相比于即刻得到的利益，需要付出的代价近乎于零。但是，这个过程结束后，所有牧羊人都亏了。

这里我们可以比对气候或渔业资源，压力下的公共财产。这个模型应用于气候协商，就阐释了目前的僵局：如果各国政府不是彼此推卸罪责，而是相互合作减排，它们会遏制住气候反常的后果。但是，由于没有动力主动合作，它们全都倾向于作为秘密过客行动，损害公共财产的未来和平衡，它们是负有责任的。

按照哈丁的理论，这个"悲剧"只有三种解决方案：一是限制人口以阻止过度消费，二是国有化，三是私有化。在世界经济放宽管制的大运动之前，化石文明的顶点之上，这

[①] 参见：加勒特·哈丁（Garrett Hardin）发表于1968年《科学》（Science）杂志上的文章《The Tragedy of the Commons》。

第三条路压倒了大多数，表明公共干预后退的正当性。生者权利的私有化不断引起焦虑：保护生者知识产权的新制度出现在 20 世纪 80 年代，代表了生者和公共财产概念之间的断裂。这在人类社会内部构成了一个人类学断层，因为生命及其延续不再被视为一个结果，而是手段和资源。这些新法律重新控制并占有全体物种保护和延续的能力，并威胁到生物多样性。

埃莉诺·奥斯特罗姆（Elinor Ostrom）的书[1]同时否认全市场和全政府的做法，注意到市场的不完美和公共机关的机能障碍。她专注于社会行动者们创建的机构，以解决他们在自组织、自治理的框架中集体行动的问题。与其说她关注的是让福利具有公共财产特征的本质，不如说她在研究将这些福利划入"公共"领域的制度和法规框架。

埃莉诺·奥斯特罗姆为支撑论题而设计的案例研究提到在微社会和同质领地中，居民们可以让私有权概念和常用法律顺利对接。但是成功的条件看起来很脆弱：政治觉悟高乃至利他主义的公民、和谐公正的规则、明文规定的限制和许可、对集体决定的尊重、监督、逐级制裁、冲突消解机制、公认的组织法、嵌套（生产）单位。不是一种由上而下的治理，

---

[1] 埃莉诺·奥斯特罗姆（Elinor Ostrom），《公共事物的治理之道》（*Gouvernance des biens communs*），德伯克出版社（De Boeck），2010 年。

而是将公民视为消费者，一座城市或一个国家可以作为合伙人，推动社会和个体的自治。意大利城市波伦亚实行了一项创新便民政策。它建好基础设施让人们可以履行自治，并为公共财产保护出台了市政法规：法律授权居民们为各自街区提出改变的建议，并由市政府介入帮助居民实现这些规划，其中评估流程很关键。

不过，某些复杂的主题取决于一些因素，并不能全部定位到微社会的单一梯级上，而需要更大层面的社会和政治组织。由此，这个公共财产视角不能由小型同质社区来采纳并履行，且有风险在更大的领地规模上解体。具体来讲，以单位领地的集体责任自治为基础，公共财产的概念能否有助于控制或减缓气候变暖？

面对这些新的期待，政府在公共财产的治理中扮演着一个前所未有的中心角色。很多案例显示，政府在自我定位上存在困难。因此在西班牙，政府选择通过税收手段限制个人生产太阳能；在荷兰和英国，卸下义务，把组织社会的任务放手交给社会行动者。这两种政策都不能提供一个创新、明晰、易懂的框架。

我们今天很清楚地看到，公共财产概念的盛行很大程度上源于市场、公权力和国际社会的失灵，它们都未能界定和保护全人类的公共财产（生物多样性、气候、知识等）。至今，没有任何清晰而稳定的制度框架来为后代确保人类和自然资本的保护和更新，同时考虑到公民在这些主题上的参与需求。让我们预测，世界公共财产的问题，虽然探索才勉强起步，最后还是会加入到后碳文明的经济和司法结构中。

于是一个问题来了，需要知道我们的社会渴望生产什么类型的产品。什么类型的产品才会合乎愿望或者"有价值"，什么类型的其他产品不是这样。对于重农主义学派来说，一切价值都能还原为一种自然产品或服务。如今，技术进化使得人们可以凭借知识、设计和软件创造新的公共财产；全球规模的这种创造开放给了一切形式的贡献和分享。这是历史上的一个转折。一种由下而上的解放型社会逻辑前来驳斥由化石工业时期继承下来的由上而下的机构逻辑。

知识，一种无限资源

在石油勘探的一开始，很少有发明或创新。我们找不到像托马斯·爱迪生（Thomas Edison）、玛丽·居里（Marie Curie）或者，尤其是梦到自由免费能源的尼古拉·特斯拉（Nikola Tesla）那样的人。使用的技术是旧的，甚至是手工的，必须真的等到汽车和石油化工登上王座，工程师和科学家才重返化石工业。约翰·洛克菲勒自己为这一状况感到庆幸，并认为技术阻碍的缺位正是天降好运，可以确保立即获利。我们想不到这一范式如今被彻头彻尾地推翻，从而标志着从化石经济到知识经济的过渡[1]。

知识，比石油更重要

这种经济对应一种新的发展模式，财富从此常驻于知识和技能之中，为经济提供越来越多的非物质部分。它的特点是知识积累和越来越集体化的知识生产（教育、研究、创新、服务、文化、创新工业、互联网），并能产生一些变体，通过创新、生产和交换的方式，涉及我们经济和社会的方方面面。

从概念上讲，知识经济不可能成为以原材料、劳动或资本为基础的经济的延续。知识是一种无限资源，颠覆了生根于物质和非物质资产经典概念的传统经济学解释，以及个人评估优先于集体负责学习的教育模式。与物质财产相反，知识的特点是，它是一种非排他性财产，这让任何私有化的企图变得很难达成。它永不枯竭，可以被多个参与者使用，一旦传播就能自我充实，也就是说通过其他知识完成自我更新。

两种世界观在这场石油模型和后化石模型之间的过渡的

---

[1] 2000年3月里斯本的欧洲理事会确定了一个战略性目标，旨在将欧盟变成"世界上2010年前最具竞争力且最有活力的知识经济体，能够在实现可持续的经济增长的同时，带动就业数量和就业质量同步提高，加强社会凝聚力"。

开端中相遇：基于能源开采和拥有的那股势力，以及创造力和知识传播授予的力量，第一个世界观拉回到美国的化石能源保护模型，代表是洛克菲勒或科氏王朝；第二个世界观在卡特总统 1977 年 4 月[1] 的一次先驱性讲话中崭露头角，或许没人注意到，因此值得认真分析。实际上，在这次演讲中，吉米·卡特总统提到当时全面重创西方经济的一场能源危机，并顺带提到了这样一段晦涩的预言家式的思考："如果我们按原材料计算美元，它的潜力很大，但是有限；如果我们按知识计算美元，那么它的潜力是无限的[2]。"

作为梦想者或预言家，吉米·卡特点出了完全依赖化石材料的经济体系的危险和限制，并隐约看见知识经济能提供的可能性范围，比史蒂夫·乔布斯 1984 年传奇性地发布苹果电脑早了快十年。时代的象征或是单纯的巧合，石油开采开始进入第一个衰落期时，新一批硅谷企业家——从史蒂夫·乔布斯（Apple）到谢尔盖·布林和拉里·佩奇（Google），从马克·扎克伯格（Facebook）到埃隆·马斯克（Tesla）——表明，

---

[1] 吉米·卡特（Jimmy Carter），《总统提出的能源政策》(The President's Proposed Energy Policy)，1977 年 4 月 18 日，《当今重要演说集》(Vital Speeches of the Day)，第 43 册，第 14 期，1977 年，第 418—420 页。

[2] 伊德里斯·J. 阿伯凯恩（Idriss J. Aberkane），《知识经济》，政治创新基金会，www.fondapol.org，2015 年 5 月，第 12 页。

知识可以成为一种比石油更必不可少的资源。

再一次，一段新的历史在美国展开，知识的先锋和石油的先锋一样，也是美国人，但是这场运动遍及全球，除了经济和财富仍然依赖石油开采的那些国家。这些国家被一笔财富喂饱，变得病态且不事生产，陷入一段漫长而痛苦的黄昏，无力奔向未来。

教育，最好的未来投资

因此，教育投资将是全世界最好的投资，因为人类大脑是一种活着的资源，永不枯竭。不光是大脑，还有心，以及从"制作"的智人进化为"知道"的智人的欲望。

不过要想踏上这一条新经济道路并不是那么简单。现实中有多少天选之人？这个经济颠覆了我们从我们社会特有的由上而下的阶级制度继承下来的一切机构：教育、行政、企业界。必须花时间改变根植于我们记忆最深处直到大脑皮层褶皱里的旧世界面貌。这种田园牧歌般的对于有知识并懂得分享知识的智人的展望，也与我们前面提到的人类生存条件的两大痛点有着深刻的矛盾：人性本身，以及统治他者的欲望。

分享和交换对于人类来说远非自然。自从智人出现，种群内部分配的资源不是来自交换，而是来自捕猎，以其他种群的牺牲为代价。历史，包括当代历史，充满了意味深长的捕猎案例（掠夺、奴隶制、诈骗、税务压榨、强制劳动……），只是为了一个或多个最强势力的排他利益。

尽管民主懂得减轻这些效应，实行一些更公平的再分配政策，即使明天我们的能源系统变成绿色，问题还是完整地待在那里，扎根于人类心灵。知识经济如何一边使和平与繁荣交相辉映，一边保护我们彻底不受大肆散播不公和愚蠢的冲突侵扰？尽管我们很希望拥护这样令人热情澎湃的故事，欢迎知识社会的降临，也不妨提出一些合理质疑。

两种文明模型之间

硅谷中的某些帝国对知识有种特别的看法，根据这种看法，完全展示出来的支配的意愿会排除一切分享的微弱意图。所以，一家像优步（Uber）这样的企业不属于这种基于知识分享的"合作经济"。它更多是一种尚未得到利用的资源市场的调配。对等网络（P2P）交换和优步企业之间的区别在于工作的分块，使劳动者之间为获取一项服务形成竞争，却没有这项服务的自由入口，这份"公共财产"，在这个具体案例里也就是由企业控制的算法。因此，这是同样的采掘经济模型，不是基于化石能源开采，而是基于数据；价值创造几乎是排他性地朝向股东。

在这所谓的合作型知识经济中，两个故事展开并相交。一边是一个绝对自由主义的故事：用户聚集在一起创造数据合作社，平台不再像今天这样资本集约，而是"集体主义"，每个人都将是自己数据及其所产收入的所有者或共有者。"制造者"（makers）成为主宰，交换行为和免费现象盛行。对等网络生产为虚假的物质充裕带来一个答案。它颠覆价值，取消稀有。所有权的概念作废了。

另一边是一个极权故事：交换价值被工具的所有者截取，他们将公共财产价值占为己有，没有颠覆任何东西；我们真的成了被算法独裁变卖的终极产品，经过社会物化的终极阶段。大众消费，远远不会消失，将依托于对我们的欲望更精细、更敏锐的了解。这算法，让我们给它起名"哈尔9000"[1]，向斯坦利·库布里克致敬，猜出您想要什么，甚至赶在您自己知道之前。

根据个人感觉，读者会在约翰·列侬的《想象》（Imagine）和受到菲利普·K.狄克（Philip K. Dick）作品启发的《黑客帝国》之间做出选择。一切都还有可能，包括一种介于两者之间的形式，可以让人看看两种故事混合的可能性。每个人都会将光标放到自己喜欢的地方，一些人的美梦，另一些人的噩梦。如果说没有什么是确定的，那是因为准确来讲我们只是在创造想象，绞尽脑汁将自己投射于未来；我们通过几

---

[1] 1968年上映的库布里克经典科幻电影《2001太空漫游》中的高智能电脑名叫哈尔9000（HAL 9000）。

时的文学和图画了解的熟悉世界一闪而逝。欢迎来到复杂世界。我们既需要小说家和诗人，也需要工程师和管理人，一起为我们展示这个变化中的世界。

"很久很久以前有个后化石文明……"它一定是基于太阳能和知识共享；故事的后续属于我们每一个人。

结论

"既然我们迷失了，让我们成为兄弟吧。"

——埃德加·莫兰（Edgar Morin）

《迷失的范式》（*Évangile de la perdition*）

我们已经在本书中浏览了化石能源超过一个世纪的无分享统治。开化的能源还是异化的能源？这个主题永远属于一场意识形态辩论，让进步的捍卫者和油灯的追忆者转身背对彼此。这幅讽刺画的背后，是一个明显的事实：人们从能源或者说石油那里获得了巨大力量，却没有担起与力量相应的巨大责任。气候壁垒当前，我们没有回头的可能，我们疯狂追逐经济增长，以为它永无限制，却在追逐中强制推进了地质年代标尺。年轻的一代现在转头看向老一辈，提出了责任的问题，抵消了化石全能解放出来的享受和快乐。如果能源危机和气候危机在同样的威胁中重叠，别搞错了：我们自相矛盾地为"石油太多"而痛苦，而且我们有非常充足的石油让气候炸弹爆炸。没有任何出于伦理、道德或利他的原因而做出的决定。决定将透过唯一的棱镜经受评估：什么时候气候变化会成为金融风险的来源，引发世界经济和化石工业不稳定。我们尽快回应社会与生态大范围平衡断裂的最好机会，准确来讲就是使用金融和法律杠杆，同时等待真正的政治抗衡力量的形成。我们共同的未来要仰赖这场角力不确定的结果。我们中的每个人都被放在各自的责任之前。选择困难的时刻来临了。

在小说《豹》[①]中，萨利纳亲王眼看着自己周围旧世界的崩塌，他所属的西西里贵族辉煌的尾声让位于新秩序的降临。微妙的细节和比喻暗示旧世界的衰落：充满香气的繁茂花园或宽敞而衰败的巴洛克皇宫，字里行间说出价值观和角色颠覆的一段对话的回响……"必须改变一切才能让什么都不变。"一切都变了，的确，《豹》完全印刻下了来自堕落而支离破碎的旧时代的忧郁颓败。

不是所有黄昏的阴影都相像。化石文明的黄昏不会提供明暗和谐的柔光，别指望置身其间悠然冥想，灵魂升华。美已然离开这片土地很久。化石文明的黄昏不像一支挽歌，它

[①]《豹》(*Le Guépard*)是意大利贵族作家朱塞佩·托马西·迪·兰佩杜萨（Giuseppe Tomasi di Lampedusa）写作的唯一小说，1958年以遗作形式出版。

既无情感亦无忧愁。它展示出全部残忍粗暴的力量，一股占据灵魂和良知的力量。它是一道催眠的火焰；公民社会和年轻一代都试图激发良知觉醒。

我们脚下日益扩大的阴影在向我们隐藏什么？沸腾着的卓越创造性的回声响彻整个星球。当生存受到威胁的时刻来临，人们开始反省自身，关注全人类共享的福祉，要么新的想法、做法、活法、住法一起浮现，要么一筹莫展，只有一道更令人不安的陷阱，一道算法独裁和人造世界的陷阱。

让我们设想一下：欧洲是化石文明的摇篮，两个世纪以前一切从这里开始，如果这样的欧洲在一位平静的普罗米修斯的率领下，带头开始抵抗，带头负起一份责任，故事将会如何发展？

致谢

感谢"南农国际"（Agrisud International）、"改变计划"（The Shift Project，TSP）、尼古拉·于洛基金会（la fondation Nicolas Hulot）、"预言断面"（Prophil）、诺夫蒂克（Novethic）以及所有在日常生活中创造崭新道路的人。

我推荐所有对石油历史感兴趣且仍然渴望了解更多的读者阅读"TSP"的社会展望学带头人马修·奥扎诺（Matthieu Auzanneau）的书《黑金，石油的伟大历史》（*Or noir, la grande histoire du pétrole*）。

绿色发展通识丛书 · 书目

GENERAL BOOKS OF GREEN DEVELOPMENT

01　　　　　　　　　　　　　　　　巴黎气候大会 30 问

[法] 帕斯卡尔·坎芬　彼得·史泰姆／著
王瑶琴／译

02　　　　　　　　　　　　　　　　　倒计时开始了吗

[法] 阿尔贝·雅卡尔／著
田晶／译

03　　　　　　　　　　　　　　　　　化石文明的黄昏

[法] 热纳维埃芙·菲罗纳-克洛泽／著
叶蔚林／译

04　　　　　　　　　　　　　　　　环境教育实用指南

[法] 耶维·布鲁格诺／编
周晨欣／译

05　　　　　　　　　　　　　　　　　节制带来幸福

[法] 皮埃尔·拉比／著
唐蜜／译

06　　　　　　　　　　　　　　　　看不见的绿色革命

[法] 弗洛朗·奥加尼尼　多米尼克·鲁塞／著
吴博／译

07 自然与城市
马赛的生态建设实践

［法］巴布蒂斯·拉纳斯佩兹／著
［法］若弗鲁瓦·马蒂厄／摄　刘姮序／译

08 明天气候 15 问

［法］让·茹泽尔　奥利维尔·努瓦亚／著
沈玉龙／译

09 内分泌干扰素
看不见的生命威胁

［法］玛丽恩·约伯特　弗朗索瓦·维耶莱特／著
李圣云／译

10 能源大战

［法］让·玛丽·舍瓦利耶／著
杨挺／译

11 气候变化
我与女儿的对话

［法］让-马克·冉科维奇／著
郑园园／译

12 气候在变化，那么社会呢

［法］弗洛伦斯·鲁道夫／著
顾元芬／译

13 让沙漠溢出水的人
寻找深层水源

［法］阿兰·加歇／著
宋新宇／译

14 认识能源

［法］卡特琳娜·让戴尔　雷米·莫斯利／著
雷晨宇／译

15 如果鲸鱼之歌成为绝唱

［法］让-皮埃尔·西尔维斯特／著
盛霜／译

16　　　　　　　　　　　如何解决能源过渡的金融难题

　　　　　　　　　　　　　　　　［法］阿兰·格兰德让　米黑耶·马提尼／著
　　　　　　　　　　　　　　　　　　　　　　　　　　　　叶蔚林／译

17　　　　　　　　　　　生物多样性的一次次危机
　　　　　　　　　　　　　　生物危机的五大历史历程
　　　　　　　　　　　　　　　　　　　［法］帕特里克·德·维沃／著
　　　　　　　　　　　　　　　　　　　　　　　　　　　　吴博／译

18　　　　　　　　　　　实用生态学（第七版）

　　　　　　　　　　　　　　　　　　　［法］弗朗索瓦·拉玛德／著
　　　　　　　　　　　　　　　　　　　　　　　　　　　蔡婷玉／译

19　　　　　　　　　　　　食物绝境

　　　　　　　　［法］尼古拉·于洛　法国生态监督委员会　卡丽娜·卢·马蒂尼翁／著
　　　　　　　　　　　　　　　　　　　　　　　　　　　　赵飒／译

20　　　　　　　　　　食物主权与生态女性主义
　　　　　　　　　　　　　　　范达娜·席娃访谈录
　　　　　　　　　　　　　　　　　　　［法］李欧内·阿斯特鲁克／著
　　　　　　　　　　　　　　　　　　　　　　　　　　　王存苗／译

21　　　　　　　　　　　　世界有意义吗

　　　　　　　　　　　　　　　［法］让-马利·贝尔特　皮埃尔·哈比／著
　　　　　　　　　　　　　　　　　　　　　　　　　　　薛静密／译

22　　　　　　　　　　　　世界在我们手中
　　　　　　　　　　　　　各国可持续发展状况环球之旅
　　　　　　　　　　　　　　　［法］马克·吉罗　西尔万·德拉韦尔涅／著
　　　　　　　　　　　　　　　　　　　　　　　　　　　刘雯雯／译

23　　　　　　　　　　　　泰坦尼克号症候群

　　　　　　　　　　　　　　　　　　　　［法］尼古拉·于洛／著
　　　　　　　　　　　　　　　　　　　　　　　　　　　　吴博／译

24　　　　　　　　　　　温室效应与气候变化

　　　　　　　　　　　　　［法］爱德华·巴德　杰罗姆·夏贝拉／主编
　　　　　　　　　　　　　　　　　　　　　　　　　　　　张铱／译

25 向人类讲解经济
一只昆虫的视角
[法]艾曼纽·德拉诺瓦/著
王旻/译

26 应该害怕纳米吗

[法]弗朗斯琳娜·玛拉诺/著
吴博/译

27 永续经济
走出新经济革命的迷失
[法]艾曼纽·德拉诺瓦/著
胡瑜/译

28 勇敢行动
全球气候治理的行动方案
[法]尼古拉·于洛/著
田晶/译

29 与狼共栖
人与动物的外交模式
[法]巴蒂斯特·莫里佐/著
赵冉/译

30 正视生态伦理
改变我们现有的生活模式
[法]科琳娜·佩吕雄/著
刘卉/译

31 重返生态农业

[法]皮埃尔·哈比/著
忻应嗣/译

32 棕榈油的谎言与真相

[法]艾玛纽埃尔·格伦德曼/著
张黎/译

33 走出化石时代
低碳变革就在眼前
[法]马克西姆·孔布/著
韩珠萍/译